بناء
أمة رقمية

بناء أمة رقمية

استراتيجيات وحلول لتحويل القطاع العام في عصر الذكاء الاصطناعي

الدكتور عبدالرحيم إسماعيل الزرعوني

الطبعة الأولى

2025

التصريح الاعلامي

الكتاب: بناء أمة رقمية

المؤلف: د. عبدالرحيم إسماعيل الزرعوني

التصنيف العمري: E

الطبعة الأولى: أكتوبر 2025

الناشر: دار وتر للنشر والتوزيع

ردمك : 9789948691846

رقم إذن الطباعة: MC-01-01-2975481

تم تصنيف وتحديد الفئة العمرية التي تلائم محتوى الكتب وفقاً لنظام التصنيف العمري الصادر عن مجلس الإمارات للإعلام

المحتوى

شكر وتقدير

أحمد الله تعالى أولاً وأخراً على أن أعانني ووفقني في رحلتي العلمية وأسأله القبول وأن ينفع المجتمع والأمة بما يوفقني إليه.

ثم أتوجه بخالص امتناني ودعائي لمؤسس إمارة الشارقة الحديثة وحاكمها وملهمها صاحب السمو الشيخ الدكتور سلطان بن محمد القاسمي على منحي شرف الالتحاق بجامعة الشارقة بعراقتها وانجازاتها، لنيل درجة الدكتوراه في مجال التحول الرقمي في القطاع العام. والشكر موصول لسمو الشيخ سلطان بن أحمد القاسمي رئيس الجامعة وحامل مشعلها، وكذلك لسعادة البروفسور عصام الدين عجمي مدير الجامعة على تفضله بالتقديم لكتابي هذا.

وأقدر عالياً دور المشرفين، الدكتور سادات الهاشمي، والدكتور محمد لطايفه، والبروفسور جون رايس، وتوجيهاتهم القيّمة ودعمهم المخلص طوال فترة بحثي لنيل درجة الدكتوراه. كما أعرب عن بالغ تقديري للبروفسور كوي-فانغ هسياو (ليلى) على إرشادها المتخصص وتشجيعها في مجالات تتعلق بالتخصص الدقيق.

ويمتد شكري إلى زملائي في برنامج دكتوراه إدارة الأعمال، ممن أنهوا رحلتهم الأكاديمية، ومن لا يزالون يواصلون سعيهم نحو خط النهاية. لقد كانت روح الزمالة والمثابرة لديهم مصدر إلهام لي.

كما أتوجه بالشكر لأخي البروفسور عبد الله إسماعيل الزرعوني على مراجعته المتعمقة للمسودة الأولى من الكتاب، مما أسهم كثيرًا في وضوحها وتعميق محتواها.

وأخص بالشكر زوجتي وبناتي على تضحياتهن وصبرهن ودعمهن اللامحدود، فقد كان لعطائهن ومحبتهم دور حاسم في رحلتي لنيل الدكتوراه. إن هذا الإنجاز ما كان ليتحقق لولا حبهن وتشجيعهن.

الدكتور عبدالرحيم إسماعيل الزرعوني

المقدمة

بقلم مدير جامعة الشارقة

في سياق التطورات المتسارعة للقرن الحادي والعشرين ، لم يعد التحول الرقمي مجرد توجه تكنولوجي، بل أصبح قوةً فارقةً تُشكل مستقبل الدول والمؤسسات والمجتمعات. وقد أصبح الأساس الذي تُبنى عليه التنافسية الاقتصادية، والمرونة المؤسسية، والرفاهية الاجتماعية. في جميع أنحاء العالم، تُعيد الدول صياغة مفاهيم الحوكمة، وتقديم الخدمات، والمشاركة العامة من خلال التطبيق الذكي للتقنيات الناشئة، مثل الذكاء الاصطناعي، وتحليلات البيانات، وتقنية البلوك تشين. ومع ذلك، وكما يُؤكد هذا الكتاب بقوة، فإن التحول الحقيقي لا يتحقق بالتكنولوجيا وحدها، بل يتطلب رؤيةً وقيادةً وكفاءات بشريةً قادرة على التكيف والابتكار.

لقد تبنت دولة الإمارات العربية المتحدة، بتوجيهٍ حكيمٍ من قيادتها، هذا الواقع بإقدام ووضوح. وتُعد استراتيجياتنا الوطنية، مثل مئوية الإمارات 2071، والاستراتيجية الوطنية للذكاء الاصطناعي 2031، واستراتيجية الحكومة الرقمية في الإمارات، دليلًا على عزم الدولة على أن تكون في طليعة هذا العصر الجديد. لا تقتصر هذه الأطر على رقمنة الخدمات فحسب؛ بل تشمل أيضًا بناء أمة مستعدة للمستقبل، حيث تكون الحوكمة مرنة وشاملة وتركز على المواطن، وحيث يصبح الابتكار جزءًا لا يتجزأ من الثقافة الوطنية. ومن أهم أولويات ركائز جامعة الشارقة حديثًا هي التحول الرقمي، وهو توجه يحظى بدعم قوي من سمو الشيخ سلطان بن أحمد القاسمي، نائب حاكم الشارقة رئيس الجامعة.

في هذا السياق، يُعد كتاب الدكتور عبد الرحيم الزرعوني "بناء أمة رقمية" حيويًا ويأتي في الوقت المناسب. فهو ثمرة أبحاث دكتوراه دقيقة في جامعة الشارقة، ويجمع بين العمق الأكاديمي والرؤية العملية، مما يجعله دليلًا لا غنى عنه للقادة وصانعي السياسات ومتخذي القرارات المؤسسية. يتجاوز الكتاب الوصفات التقنية، مستكشفًا الأبعاد البشرية والتنظيمية للتحول، مثل تحدي التغلب على مقاومة التغيير، وضرورة بناء الكفاءة الرقمية، والدور المركزي للقيادة التحويلية في توجيه المؤسسات خلال مرحلة التغيير الجذري.

ومن أهم مواصفات الكتاب هو توازنه بين البعد المحلي والمنظور العالمي. واعتمادًا على دراسات حالة معمقة من القطاع العام في دولة الإمارات العربية المتحدة، يوضح الكتاب كيف تتعامل مؤسساتنا مع تعقيدات التحديث، مع الانخراط في الوقت نفسه في أفضل الممارسات الدولية من دول مثل إستونيا وسنغافورة والمملكة المتحدة. يوضح هذا المنظور المزدوج أن الدروس المقدمة هنا متجذرة بعمق في سياقنا الوطني وقابلة للتطبيق في بيئات أخرى. كما يعكس الكتاب نهج دولة الإمارات العربية المتحدة الخاص نحو التقدم واعتماد الابتكارات العالمية، مع صياغتها بما يتناسب مع قيمنا الثقافية وهياكل الحوكمة لدينا ورؤيتنا طويلة المدى.

لجامعة الشارقة أهمية خاصة في هذا المجال. وبصفتنا مؤسسة رائدة في مجال التعليم العالي، فإننا ملتزمون بإنتاج أبحاث لا تقتصر على الخطاب الأكاديمي، بل تُثري السياسات، وتُعزز المؤسسات، وتُسهم في تنمية مجتمعنا. يُجسّد هذا الكتاب هذه الرؤية. فهو يُوضح كيف يُمكن للدقة العلمية أن تُولّد أطرًا عملية لقادة الحكومة، وكيف يُمكن للنتائج التجريبية أن تُثري القرارات الاستراتيجية، وكيف يُمكن للجامعات أن تكون شركاء فاعلين في التحول الوطني.

في نهاية المطاف، يتمحور التحول الرقمي حول الأفراد وحول قدرتهم على التكيف والتعلم والقيادة. ويتعلق الأمر كذلك بتزويد قادة القطاع العام بالعقلية والأدوات اللازمة لترجمة الرؤية الوطنية إلى تقدم ملموس، إضافة إلى ضمان أن تخدم التكنولوجيا البشرية، وتعزز المؤسسات، وتعزز الثقة بين المواطنين وحكوماتهم. وكما يُذكرنا هذا الكتاب، فإن التحول ليس عملًا منفردًا، بل هو عملية مواءمة مستمرة، بين الرؤية والتنفيذ، وبين القيادة والقوى العاملة، وبين الابتكار والقيمة العامة.

أُوصي بكتاب "بناء أمة رقمية" كمرجع للقادة والممارسين والباحثين على حد سواء. وأُشجعهم على التعمق في رؤاه، وتكييف استراتيجياته مع سياقاتهم الفريدة، وأن يروا في صفحاته دعوةً للعمل. إن الرحلة نحو أمة رقمية حقيقية طويلة ومعقدة، ولكن بالرؤية والشجاعة ووحدة الهدف، ستكون رحلةً تُحدد إرثنا للأجيال القادمة.

الأستاذ الدكتور عصام الدين عجمي

مدير جامعة الشارقة

تمهيد

في عالمنا سريع التغير اليوم، لم يعد التحول الرقمي خيارًا، بل أصبح ضرورة حتمية. فبالنسبة للحكومات والمؤسسات الخاصة على حد سواء، فإن القدرة على التكيف مع التطور التكنولوجي المتسارع تحدد مدى جاهزيتها ومرونتها وتأثيرها. وفي دولة الإمارات العربية المتحدة، شكّل التحول الرقمي محورًا رئيسيًا في الاستراتيجيات الوطنية وخطط تنويع الاقتصاد والسعي نحو حوكمة أكثر ذكاءً تتمحور حول المواطن. ومع ذلك، وعلى الرغم من وضوح الرؤية وحجم الاستثمارات، لا تزال العديد من مشروعات التحول الرقمي تواجه صعوبات في الترسخ وتحقيق الأثر المنشود.

يستند هذا الكتاب إلى أطروحة الدكتوراه الخاصة بي في جامعة الشارقة بعنوان: "*دراسة العلاقة بين التحول الرقمي، والكفاءة التقنية في تكنولوجيا المعلومات، ومقاومة التغيير في سياق التغيير التحويلي في القطاع العام في دولة الإمارات العربية المتحدة*". تنبع الرسالة من بحث متعمق في العوامل البشرية والتنظيمية التي تشكّل ملامح التحول الرقمي في القطاع العام. وبوجه خاص، يستكشف كيف تؤثر الكفاءة الرقمية، ومقاومة التغيير، والقيادة على نجاح أو فشل المبادرات الرقمية.

واستنادًا إلى بحث أُجري في القطاع العام الإماراتي، مدعومًا بدراسات حالة محلية وعالمية، يقدم هذا الكتاب خارطة طريق لفهم التحول الرقمي والتعامل معه في بيئات مؤسسية معقدة. لذا، فإن ما ستقرؤه هنا ليس دليلًا تقنيًا، بل هو مرشد استراتيجي للقادة والمديرين وواضعي السياسات الذين تقع على عاتقهم مهمة قيادة التغيير في مؤسسات غالبًا ما تقاومه. ومن خلال المزج بين الأدلة المستقاة من

دراسات الحالة، والرؤى العملية، وأمثلة من الواقع، يهدف هذا الكتاب إلى تزويد القراء بالعقلية والأدوات اللازمة للقيادة في عصر التحول الرقمي المدعوم بالذكاء الاصطناعي.

كيفية استخدام هذا الكتاب: دليل سريـع للقارئ

- **لصانعي القرار التنفيذيين وواضعي السياسات:** ركزوا على الملخصات، والرؤى، والنقاط القابلة للتنفيذ في نهاية كل فصل لتطبيقها عمليًا.
- **للمدراء وقادة الفرق:** استخدموا دراسات الحالة المفصلة من خلال المراجع المتاحة، والرسوم التوضيحية البصرية لتوجيه مناقشات الفرق وعقد ورش العمل الداخلية.

الدكتور عبدالرحيم إسماعيل الزرعوني

الفصل الأول

1- ما وراء المصطلح

المعنى الحقيقي للتحول الرقمي

الملخص التنفيذي

يوضح هذا الفصل أن التحول الرقمي ليس مجرد ترقية تكنولوجية، بل هو تحول ثقافي واستراتيجي عميق. ومن خلال أمثلة من دولة الإمارات ودول أخرى، يسلط هذا الكتاب الضوء على أهمية مواءمة القيادة، والكفاءة الرقمية، وثقافة المؤسسة لتحقيق تحول فعّال وناجح.

أصبح التحول الرقمي أحد أكثر المصطلحات استخدامًا في الخطاب المؤسسي الحديث. ابتداءً من المنتديات الدولية إلى الخطب الحكومية، يُستخدم هذا المصطلح للدلالة على الرؤية الاستشرافية والتقدم المنشود. لكن، ما معناه الحقيقي؟

في جوهره، لا يتمحور التحول الرقمي حول التكنولوجيا فقط، بل هو تغيير جذري في كيفية عمل المؤسسات، وتقديمها للقيمة، وتفاعلها مع أصحاب المصلحة. إنه يدور حول إعادة التفكير في العمليات، وإعادة

تصور نماذج الأعمال وكذلك الخدمات، وقبل كل شيء، إعادة تشكيل الثقافة التنظيمية. يتجاوز هذا المنظور الشامل الأدوات والمنصات ليتناول العقلية المؤسسية نفسها.

وتماشيًا مع هذه الرؤية، ينبغي أن يبدأ التحول "بالمشكلة، لا بالتكنولوجيا"[1]، وهو ما يُجسّد جوهر القيادة الرقمية الناجحة. ويؤكد على أهمية إرساء التحول في التحديات المؤسسية الحقيقية، وضمان أن تكون الجهود الرقمية هادفة، ومتمحورة حول الإنسان، ومتوافقة استراتيجيًا مع الأهداف طويلة المدى.

بالاستناد إلى المراجعة المنهجية للدراسات التي تناولت التحول الرقمي في القطاع العام، وما تلتها من دراسات تجريبية كمية ونوعية مُفصّلة شملت جهات حكومية اتحادية ومحلية في دولة الإمارات العربية المتحدة، تم الكشف عن الآليات التي تُمكّن أو تُعيق المشاريع التحوّلية المعتمدة على الرقمنة. وقد برزت ثلاث ركائز مترابطة كعوامل حاسمة في النجاح. ولتوضيح تلك المحركات للتحول الرقمي في القطاع الحكومي؛ يمكن تصور نموذج مثلثي كما في الشكل 1. تلك الركائز هي:

1. **الكفاءة الرقمية:** وتشمل البنية التحتية، والأدوات، والمهارات، ومحو الأمية الرقمية. وتقاس بمدى جاهزية الأفراد والمؤسسات لفهم واستخدام وتطوير الأدوات الرقمية.

---

[1] Westerman, G. (2025, February 25). Integrating generative AI into business strategy [Video]. YouTube. MIT Bangkok Symposium. https:// youtu.be/9RvWcXVaAng

2. **مقاومة التغيير:** وهي تعبير عن الجمود المؤسسي الظاهر أو الخفي الذي يعيق التقدم، وتشمل الجمود المؤسسي، والخوف من الاستبدال أو من المجهول، وسوء المواءمة.

3. **القيادة التحولية:** والتي تعكس الرؤية، والمشاركة، والتمكين، وهي مؤشر لقدرة القادة على إلهام وتحدي وتوجيه مؤسساتهم خلال فترات التغيير.

شكل 1 الركائز الثلاث للتحول الرقمي

فعند تحقيق التوازن بين هذه القوى الثلاث، تتشكل الظروف المناسبة لتحقيق التحول الرقمي الناجح، والذي يمثل جوهر هذا التفاعل الديناميكي.

التجربة الإماراتية

يرتبط التحول الرقمي في دولة الإمارات غالبًا بمبادرات وطنية مثل رؤية الإمارات 2021 واستراتيجية الحكومة الرقمية. وتهدف هذه الأطر إلى ترسيخ مكانة الدولة كقائدة إقليمية وعالمية في مجال الخدمات

الذكية. ومع ذلك، فإن نجاح التحول يتطلب أكثر من خطط طموحة؛ فهو يتطلب مواءمة بين الاستراتيجية، والأشخاص، والتكنولوجيا.

مثال بارز على ذلك هو الهيئة الاتحادية للهوية والجنسية، التي نجحت في رقمنة العديد من خدماتها الأساسية. لم يكن نجاحهم ناتجًا فقط عن استخدام برامج أفضل، بل جاء نتيجة التزام القيادة، والاستثمار في قدرات الموظفين، وتصميم الخدمات التي تركز على المستخدم. قارن هذا مع مؤسسات أخرى فشلت مشاريعها الرقمية أو تباطأت بسبب المقاومة الداخلية، نقص كفاءة تكنولوجيا المعلومات، والتخطيط المجزأ أو الفاقد للتركيز.

في البداية، عانت الهيئة من العمليات اليدوية، وانخفاض الكفاءة، وعدم رضا الموظفين والمستخدمين. لكن عندما قررت القيادة الاستثمار في التحول الرقمي، ليس فقط باستجلاب أحدث التقنيات الرقمية، بل عبر التدريب وإعادة تصميم الخدمات. حيث تحسنت معدلات التبني الرقمي وتجربة المستخدم بشكل ملحوظ، مما يُظهر كيف يُمكن لمشاركة القيادة وبناء القدرات أن يُحدثا تغييرًا مؤسسيًا ذا مغزى (أنظر شكل 2).

شكل 2 مقارنة بين النظام التقليدي والنظام الرقمي.

تجارب دولية مقارنة

رغم أن هذا الكتاب يستند إلى سياق دولة الإمارات العربية المتحدة، إلا أن الأنماط التي يكشف عنها يمكنها أن تعكس التجارب العالمية. فقد سلكت الحكومات حول العالم مسارات مختلفة فيما يتعلق بالتحول الرقمي. ففي إستونيا، على سبيل المثال، تبنت الحكومة استراتيجية "الرقمنة أولاً" "digital-first" في وقت مبكر، مما أدى إلى إنشاء نموذج حوكمة إلكترونية سلس. وكنتيجة مباشرة، تتوفر ما نسبته 99% من الخدمات العامة عبر الإنترنت.[2] وقد تعزز هذا النجاح من خلال إطار قانوني واضح، وأنظمة قابلة للتشغيل البيني، وبنية تحتية وطنية قوية للهوية الرقمية.

في سنغافورة، كان التحول الرقمي مدفوعًا بمبادرة "الأمة الذكية" "Smart Nation initiative" من أعلى إلى أسفل، والتي جمعت بين الاستثمارات في التقنيات الناشئة والتنسيق القوي بين الوكالات.[3] وقد تمكنت القيادة المركزية من تنسيق التحول عبر القطاعات عبر تركيزها على البنية التحتية الرقمية الحضرية، مثل أنظمة النقل الذكية والإسكان الذكي.

تقدم المملكة المتحدة نموذجًا آخر من خلال خدماتها الرقمية الحكومية (GDS)، حيث مركزت تقديم الخدمات الرقمية، وأدخلت

---

[2] Gherghin, C.-A. (2025). Public Policies for the Digitalization of Public Services in the European Union: From Foundations to Contemporary Challenges.

[3] Woods, O., Bunnell, T., & Kong, L. (2023). Insourcing the smart city: assembling an ideo-technical ecosystem of talent, skills, and civic-mindedness in Singapore.

أساليب رشيقة لإعادة تصميم مئات الخدمات الموجهة للجمهور.[4] وقد مثّل تركيزها على تجربة المستخدم والتصميم التكراري تحولًا ثقافيًا في كيفية تفاعل الحكومات مع المواطنين.

يلخص جدول 1 التالي التجارب الدولية التي نوقشت في هذا الفصل.

جدول 1 النماذج العالمية المقارنة

الدولة	نوع الاستراتيجية	التركيز	النتيجة	العامل الأساسي
إستونيا	الرقمية أولًا	التكامل والتشبيك	99%من الخدمات متاحة إلكترونيًا	هوية رقمية آمنة + نظام X-Road
سنغافورة	أمة ذكية	البنية التحتية الرقمية الحضرية	خدمات مركزية موحدة	تنسيق بين الجهات الحكومية
المملكة المتحدة	الحكومة المرنة (Agile)	تصميم يركز على المستخدم	إعادة تصميم مئات الخدمات	خدمة GDS وأساليب العمل الرشيقة

ومن جانب آخر ، اتبعت الشركات الخاصة العملاقة مسارات مماثلة عبر تغيير نماذج العمل والثقافة التنظيمية. حيث شهدت شركة IBM تحولاً رقمياً من التركيز على انتاج الحواسيب إلى انتاج الحوسبة المعرفية والخدمات السحابية[5]، بينما تبنى بنك ING في هولندا منهجية

[4] Jamieson, D., Wilson, R., & Martin, M. (2020). Is the GaaP wider than we think? Applying a sociotechnical lens to Government-as-a-Platform.

[5] DeViney, N., Sturtevant, K., Zadeh, F., Peluso, L., & Tambor, P. (2012). Becoming a globally integrated enterprise: lessons on enabling organizational and cultural change.

Agile على مستوى المؤسسة لتسريع الاستجابة الرقمية.[6] كل هذه الحالات توضح كيف تتقاطع الرؤية والقيادة والثقافة التنظيمية في سبيل إحداث تغييرات تحولية تفضي إلى أداء استثنائي ومستدام.

مع تقدمنا في فصول هذا الكتاب، سندرس حالات تطبيقية من جميع أنحاء العالم مع التركيز على الواقع المحلي. هذه المزاوجة بين التجارب المحلية والعالمية ضروري في هذا المجال. فلنجاح مبادرات التحول الرقمي، يجب أن تكون المؤسسات وقياداتها على اطلاع ووعي تام بالسياق، ومتمحورًا حول الإنسان، ومدفوعًا بالقيادة الراشدة.

تُظهر خريطة مفاهيم هذا الفصل التدفق الاستراتيجي للتحول الرقمي كتسلسل تُمكّن فيه الرؤية والإنسان والثقافة المؤسسية مجتمعةً من تطبيق التكنولوجيا بفعالية ووعي، مما يؤدي بدوره إلى تحول مؤسسي ناضج ومستدام. ويوضح شكل 3 ذلك.

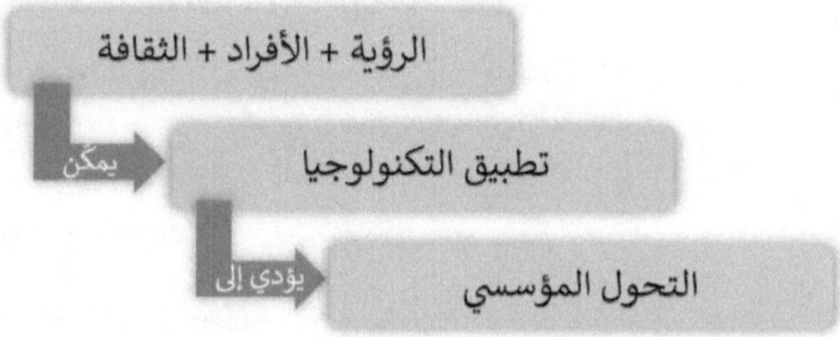

شكل 3 خريطة مفاهيم الفصل الأول.

---

[6] Birkinshaw, J. (2018). *What to expect from agile*.

رؤى رئيسية من الفصل الأول

- التحول الرقمي تحول ثقافي واستراتيجي وليس مجرد ترقية تقنية.
- التجارب الإماراتية تُظهر أن النجاح يتطلب أكثر من البنية التحتية: يتطلب قيادة وكفاءة رقمية.
- مقاومة التغيير أمر طبيعي، لكنها قابلة للإدارة بالأطر الصحيحة، وقد تكون المقاومة مطلوبة لتحسين الأداء.
- فهم العلاقة بين الجدارات الرقمية، ومقاومة التغيير، والقيادة أمر أساسي لنجاح التحول.

توصيات عملية للقادة

- أعد النظر في كيفية تعريف مؤسستك لمفهوم "التحول الرقمي".
- حدد المناطق التي قد تواجه مقاومة للتغيير.
- استثمر في رفع الوعي والقدرات الرقمية.
- قيّم ما إذا كان أسلوب قيادتك يدعم التغيير أم يعزز الوضع الراهن.

إجراءات للتنفيذ الفوري

- عقد ورش عمل داخلية قصيرة لتوضيح مفهوم التحول الرقمي والمبادئ التي تقوم عليه.
- إجراء استبيان بسيط أو مناقشات غير رسمية لرصد مناطق المقاومة.
- إطلاق تقييم أولي للإمكانات التكنولوجية للمؤسسة، ورفع الوعي الرقمي قبل إطلاق المبادرات الرقمية.

خلاصة للقيادات

التحول الرقمي هو في جوهره رحلة بشرية ومؤسسية. إن إعطاء الأولوية للثقافة التنظيمية ومشاركة القيادة لا يقل أهمية عن الابتكار التكنولوجي.

الفصل الثاني

2- الجدار غير المرئي

فهم مقاومة التغيير في تحول القطاع العام

الملخص التنفيذي

يتناول هذا الفصل القضية المحورية المتمثلة في مقاومة التغيير في جهود التحول الرقمي، مسلطاً الضوء على الأسباب الشائعة ومقدماً استراتيجيات عملية يمكن أن تساعد قادة القطاع العام في التغلب على الجمود المؤسسي.

نادراً ما يُقابل التغيير بالترحاب دون احتكاك. ومن خلال نظرة 25 عاماً من الخبرة في القطاع العام، قضيت نصفها في مناصب قيادية، يمكنني أن أؤكد بثقة أن مقاومة التغيير، في سياق التحول الرقمي، قد تكون القاتل الصامت حتى لأكثر المبادرات إحكاماً في التخطيط. وفي المؤسسات العامة، غالباً ما تكون هذه المقاومة خفية عن أعيننا، متأصلةً في الروتين والثقافة والهياكل التقليدية. فهم هذه المقاومة وأسبابها هو الخطوة الأولى لمعالجتها.

المقاومة ليست بالضرورة سلبية، فقد تكون إيجابية وتساعد المؤسسة على إعادة النظر مرتين في خططها وتعمل على تجويدها. وحتى المقاومة السلبية قد تعبّر عن رغبة في الاستقرار، أو الخوف من المجهول، أو الشك في نوايا القيادة. وما يهم هو كيفية الاعتراف بهذه المقاومة والتعامل معها. وقد كشفت الدراسة في القطاع العام الإماراتي عن عدة مصادر متكررة للمقاومة، أبرزها المعروض في جدول 2 وهي كالتالي:

- **الخوف من فقدان الوظيفة:** ينظر العديد من الموظفين إلى الأدوات الرقمية كتهديدات لأمنهم الوظيفي، باعتبارها بدائل لأدوارهم لا وسائل لتعزيز أدائهم، مما يخلق شعوراً بعدم الأمان يؤدي إلى مقاومة مفهومة للمبادرات الرقمية.
- **ضعف الثقة الرقمية:** خاصةً بين الموظفين ذوي الخدمة الطويلة، الذين يفتقرون إلى الثقة في التقنيات الجديدة أو المهارات الكافية في التعامل معها، مما يؤدي إلى تردد في التبني الفعّال للأنظمة الحديثة.
- **إرهاق التغيير:** في المؤسسات التي تُطلق فيها مبادرات عديدة للدعاية والتباهي دون تنفيذ فعلي أو نتائج ملموسة، يصبح الموظفون أكثر تشككاً، ويرون في أي مشروع جديد موجة مؤقتة أخرى، مما يؤدي إلى الفتور وعدم التفاعل.
- **غياب المشاركة:** عندما تُنفذ جهود التحول دون استشارة الموظفين أو إشراكهم، يشعرون بالتهميش، مما يثير مقاومة مبنية على عدم فهم وشعور بعدم العدالة وفقدان السيطرة على العمل.

جدول 2 تصنيف أنواع مقاومة التغيير

نوع المقاومة	الوصف	المؤشرات الشائعة
الخوف من فقدان الوظيفة	تصور أن الأدوات الرقمية ستستبدل الأدوار	القلق، الشائعات، المعارضة الاجتماعية
ضعف الثقة الرقمية	نقص المهارات أو الألفة مع الأنظمة الجديدة	تجنب استخدام الأنظمة، طلب المساعدة باستمرار
إرهاق التغيير	الإرهاق الناتج عن تغييرات متكررة، شكلية، أو فاشلة	اللامبالاة، السخرية، تدني المعنويات
غياب المشاركة	استبعاد الموظفين من مراحل التخطيط والتصميم	ضعف الشعور بالملكية، قلة التغذية الراجعة

من الوعي إلى التمكين

تجاوزاً لحملات التوعية والتدريب التقليدي، يجب على المؤسسات إشراك الموظفين فعلياً، ليشعروا بأنهم شركاء في بناء الأنظمة الجديدة، وليسوا مجرد خاضعين لعملية إصلاح. فالموظفون في الحقيقة وفي غالب الأحيان، لا يعارضون التغيير بل يعارضون التحكم بهم. فعندما يرى الموظف ما يراه القائد، ويعرف ما يعرفه، سوف يقبل التغيير. ومن تجربتي في وزارة المالية بقيادة مشاريع استراتيجية وتحولية، رأيت بوضوح كيف أن التزام القيادة والمشاركة الفعلية يخففان المقاومة ويمهدان الطريق للتغيير. في جدول 3 بعض سلوكيات القيادة وتأثيرها المباشر على مقاومة الأفراد للتغيير كما يلي:

جدول 3 تصرفات القيادة وتأثيرها على المقاومة

السلوك القيادي	أثره على المقاومة
حضور القيادة العليا	يعزز الثقة ويقلل الشكوك

تمكين القيادات الوسطى	يسرّع التبني ويقلل من العوائق الإجرائية
التواصل المتبادل والشفاف	يقلل من الخوف ويزيد من المشاركة
اعتماد السلوك التكيفي المرن	يعزز المعنويات ويدفع للتأييد الداخلي للتغيير

القيادة في الميدان: أمثلة عالمية

أظهرت أفضل الممارسات الدولية أن القيادة الملتزمة قادرة على تفكيك المقاومة الخفية وتسريع التحول المؤسسي.

- في إستونيا، عقد قادة برنامج الإقامة الإلكترونية e-Residency منتديات مفتوحة أسبوعية مع الموظفين الداخليين، مما يوفر مساحة آمنة للحوار والمخاوف، مما حول الشكوك المبكرة إلى زخم تعاوني[7].
- في سنغافورة، قام مكتب الأمة الذكية بتشكيل فرق عمل مرنة متعددة الوظائف في الوزارات تحت مسمى فرق النمور (Tiger Teams) (2016-2019) بدعم رفيع المستوى لحل العوائق الرقمية من خلال المشاركة المباشرة.[8]
- في المملكة المتحدة، أنشأت الخدمة الرقمية للحكومة البريطانية Government Digital Service (GDS) شبكة القادة الرقميين (Digital Leaders) (2013-2018) التي

[7] Kimmo, M., Pappel, I., & Draheim, D. (2018, April). E-residency as a nation branding case.

[8] Sipahi, E. B., & Saayi, Z. (2024). The world's first "Smart Nation" vision: the case of Singapore. *Teaching Anthropology*.

مكّنت القيادات الوسطى من مسؤوليات قيادة التغيير في مختلف الإدارات من خلال التدريب المنظم.[9]

- أما في كندا، فتم تعيين رواد التكنولوجيا الرقمية digital champions في مختلف الهيئات لتوطين التغيير واستدامته.[10]
- وفي الدنمارك، أدى إشراك موظفي الخدمة المدنية من خلال ورش عمل التصميم المشترك إلى تحويل تشكك الموظفين إلى مشاركة بناءة.[11]

تُعزز هذه النماذج مجتمعةً درسًا أساسيًا هو، أن التحول الحقيقي لا يعتمد فقط على الخطط أو المنصات، بل على إرادة البشر للقيادة، الاهتمام، والمشاركة في الإبداع.

السياق الإماراتي

في حين أن هذه الأمثلة الدولية تقدم رؤى قيّمة ومفيدة، إلا أن تطبيقها في الإمارات يجب أن يأخذ بعين الاعتبار الخصوصية الثقافية والإدارية. فبينما الولاء للقيادة مرتفع، لكن هذا لا يترجم دائماً بصورة تلقائية إلى حماس للتغيير والإصلاح. غالباً ما تتجلى المقاومة بشكل غير مباشر من خلال:

- **التأخر في التنفيذ** رغم الموافقة الرسمية. مما يؤدي إلى المماطلة أو التنفيذ البطيء للإجراءات الجديدة.

---

[9] Irfan, B., & Djabbari, M. H. (2024). Digital Leadership: Its Influence on Driving Digital Policy Adoption in the Public Sector.
[10] Roy, J. (2006). E-Government in Canada: Transformation for the Digital Age.
[11] Blomkamp, E. (2018). The promise of co-design for public policy.

- **الامتثال السطحي** كتعاون ظاهري مثل تسجيل الدخول إلى الأنظمة الجديدة مع الاستمرار في اعتماد واستخدام الطرق اليدوية خلف الكواليس.
- **الانسحاب السلبي** الهادئ بدلاً من المقاومة النشطة. وهو سلوك يصعب اكتشافه، مثل تجاهل التدريب، أو الامتناع عن تقديم الملاحظات، أو ضعف التفاعل العام.

يوضح المخطط التوضيحي في شكل 4 المراحل النموذجية للمقاومة الخفية، مسلطاً الضوء على كيف يمكن للتردد غير المعالج أن يتفاقم بمرور الوقت، مما يبرز أهمية الاكتشاف المبكر والتدخل الاستباقي.

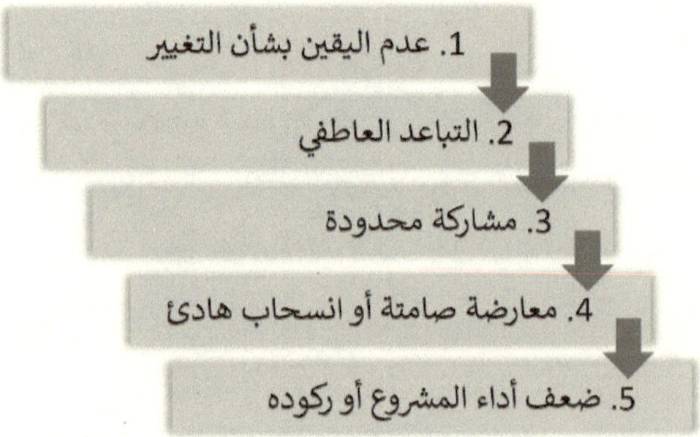

شكل 4 دورة المقاومة السلبية

فهم التفاعلات العاطفية لمنحنى التغيير

يُعد منحنى كوبلر-روس للتغيير Kübler-Ross أداةً فعّالة أخرى لاستكشاف الاستجابات العاطفية للموظفين تجاه مبادرات التغيير، وخاصةً التحويلية منها. هذا المنحنى، الموضح في شكل 5، والذي وُضع في الأصل لتفسير الحزن، يُستخدم على نطاق واسع في المؤسسات

لرسم خريطة لردود الفعل النفسية للموظفين تجاه التغيير.[12] تلك المراحل هي:

1- تبدأ **بالإنكار Denial** أي المقاومة السلبية. ففي بداية التغيير، قد يدخل الموظف في حالة من التجاهل، ويظهر نوع من اللامبالاة أو التقليل من أهمية التغيير. وقد يقول أشياء مثل *"لن يحدث هذا فعلاً"* أو *"لا شيء سيتغير في عملي اليومي"*. وتكون النتيجة شلل أو جمود في التصرف Immobilization حيث يتوقف الموظف عن التفاعل مؤقتًا.

2- ثم **الغضب Anger** عندما يمضي التغيير. فمع إدراك الواقع الجديد، يشعر الموظف بالغضب نتيجة فقدان السيطرة أو التهديد المحتمل لمكانته أو أمانه الوظيفي. ويتمثل سلوكيات كالمعارضة الصريحة، الانتقاد الصاخب. وكنتيجة، يندفع الموظف إلى حالة مقاومة نشطة (Actively Resistant) قد تظهر في الاجتماعات أو الرسائل السلبية.

3- ثم **المساومة Bargaining** حيث يحاول الموظف التفاوض لتقليل تأثير التغيير، أو للحصول على استثناءات أو ضمانات. كأن يقول: *"سأستخدم النظام الجديد فقط إذا بقي النظام القديم متاحًا"*. وهنا لا تزال مقاومة نشطة ولكن تتجه نحو التفكير العملي والتفاوضي.

---

[12] Davey, R., Fearon, C., & McLaughlin, H. (2013). Organizational grief: an emotional perspective on understanding employee reactions to job redundancy.

4- بعدها قد يدخل المقاوم في مرحلة **الاكتئاب أو القلق Depression** حيث يشعر الموظف بالإرهاق وفقدان الدافع بعد إدراكه أو ظنه أن المساومة لم تنجح أو أن التغيير ماضٍ لا رجعة فيه. فتظهر عليه بعض السلوكيات السلبية التي قد لا تكون مرئية للقيادة مثل، الانسحاب العاطفي، الغياب عن الاجتماعات، وانخفاض الأداء.

5- المرحلة السابقة تدعو القيادات إلى التعجيل بمرحلة التجريب Testing بدعوة الموظفين لاختبار البيئة الجديدة ولو بشكل حذر. كتجربة جزئية للأنظمة أو الأدوات الجديدة، طرح أسئلة استكشافية، وحضور التدريبات. وهنا تكون بداية التحول من المقاومة إلى التكيف.

6- وأخيراً، يصل الموظف إلى مرحلة التقبّل Acceptance حيث يصبح مستعدًا للعمل في البيئة الجديدة، بل وقد يصبح مؤيدًا للتغيير من خلال استخدام الأنظمة الجديدة بثقة، المساهمة في التحسين، ودعم الزملاء.

إن فهم موقع الموظفين وفرق العمل على هذا المنحنى يمكّن القادة من توقّع المقاومة وتصميم تدخلات مناسبة تحافظ على بيئة عمل صحية مع تحقيق النجاح في التغيير والاحتفاظ بالكفاءات.

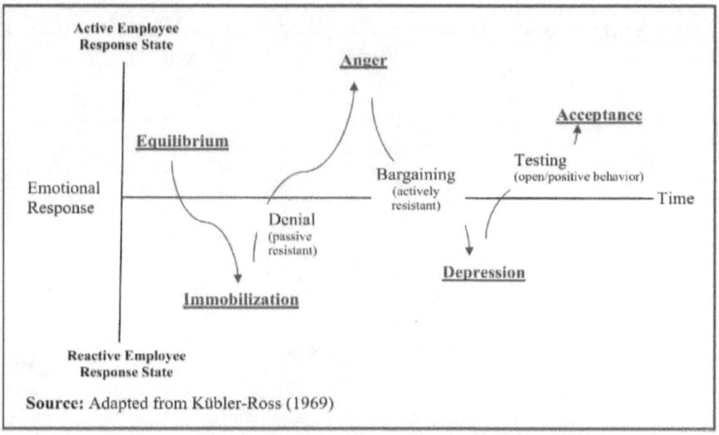

شكل 5 فهم منحنى التغيير (نموذج كوبلر-روس)

وللانتقال من فهم المقاومة إلى معالجتها بشكل فعال، ينبغي للقادة أن يركزوا على الأولويات الاستراتيجية التالية:

- إشراك الموظفين من المراحل المبكرة والاستمرار في التفاعل النشط.
- بناء القدرات الرقمية وفق مستويات متفاوتة.
- توفير قنوات تغذية راجعة فعالة.
- الاعتراف بالجهود والسلوك التكيفي.
- إظهار الالتزام القيادي المستمر كنموذج يُحتذى.

أدوات لمواجهة المقاومة

المقاومة ليست جدارًا يُخترق، بل إشارةٌ تُفسَّر. يستطيع القادة الذين يُنصتون ويستجيبون بفعالية تحويل المعارضة إلى قوة دافعة إيجابية. ولتوضيح الاستراتيجيات الأساسية للتغلب على المقاومة، تُسلّط الخريطة الذهنية التالية في شكل 6 الضوء على أربع أدوات

أساسية يُمكن للقادة استخدامها للاستجابة بشكل استباقي للمقاومة الداخلية وهي:

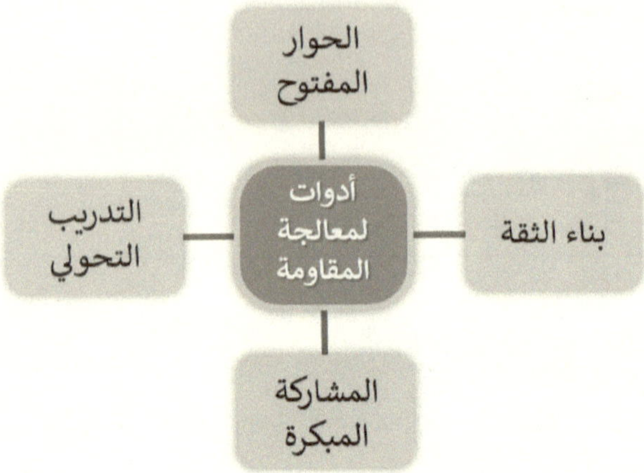

شكل 6 أدوات معالجة المقاومة

1. الحوار المفتوح Open Dialogue

يُعد الحوار المفتوح ركيزة أساسية في بيئة التغيير الناجح، حيث يُتيح للموظفين التعبير عن مخاوفهم وتساؤلاتهم دون خوف من التبعات. هذا المناخ الآمن للتعبير، يسهم في تقليل التوترات النفسية الناتجة عن الغموض أو سوء الفهم، وتُعزز من مشاعر الانتماء والثقة المتبادلة. كما يجب أن يكون الحوار ثنائي الاتجاه، حيث لا يقتصر دور القادة على إيصال الرسائل، بل يتطلب منهم أيضًا الإنصات بصدق واستيعاب الطرف الآخر.

2. بناء الثقة Trust Building

تُعتبر الثقة عنصراً حاسماً في إنجاح التحول المؤسسي، ولا تُبنى إلا من خلال أفعال ملموسة وليس وعوداً نظرية. يتطلب بناء الثقة تواصلاً مستمراً من جانب القيادة، مصحوباً بمتابعة حقيقية وتنفيذ فعلي للتغذية الراجعة التي يقدّمها الموظفون. عندما يلاحظ العاملون أن ملاحظاتهم تلقى صدى وتُترجم إلى تحسينات فعلية، فإنهم يصبحون أكثر استعدادًا للتعاون والمشاركة الإيجابية في عملية التغيير.

3. المشاركة المبكرة Early Engagement

أحد أسباب المقاومة الشائعة هو شعور الموظفين بأن التغيير فُرض عليهم دون استشارتهم أو مشاركتهم في صنعه. إن إشراك العاملين منذ المراحل الأولى للتخطيط يُضفي على التغيير طابعًا تشاركياً، ويُعزز الإحساس بالملكية الجماعية للمبادرات الجديدة. وعندما يكون الموظفون جزءًا من مرحلة التفكير والتصميم، لا يقتصر دورهم على التنفيذ فحسب، بل يتحولون إلى سفراء حقيقيين للتغيير داخل المؤسسة.

4. التدريب التحويلي Transformational Training

يتجاوز التدريب التحويلي حدود المهارات التقنية ليصل إلى مستوى أعمق، يتمثل في إعادة تشكيل القناعات والمواقف الذهنية تجاه العمل والتكنولوجيا. هذا النوع من التدريب يركّز على تنمية القدرة على التكيّف، وتعزيز التفكير النقدي، وبناء عقلية النمو المستمر. فبدلاً من الاكتفاء بتعليم الموظف كيفية استخدام نظام جديد، يسعى التدريب التحويلي إلى تمكينه من فهم السياق العام للتغيير والانخراط فيه بروح إيجابية وطموحة.

في النهاية، يجب أن يدرك القائمون على المشاريع التحولية، أن هذه الأدوات تتطلب جهداً مضاعفاً منهم ولذا تتجنبها أغلب المؤسسات. إلا أن تطبيقها يصنع فرقاً واضحاً، ويقلل من التأثيرات السلبية للتغيير ويزيد فرص النجاح.

رؤى أساسية من الفصل الثاني

- المقاومة ليست عناداً، وغالباً ما تكون استجابة عقلانية لتهديدات متصورة.
- تتأثر المقاومة في القطاع العام بالأنظمة القديمة، الثقافة المؤسسية، وسلوك القيادة.
- المشاركة الفعلية عنصر حاسم لتجاوز المقاومة.
- القيادة النشطة على كل المستويات تسرّع التغيير وتقلل من المقاومة الخفية.

توصيات عملية للقادة

- حدد مصادر المقاومة الكامنة في المؤسسة.
- صمم عمليات شاملة تستوعب التغذية الراجعة والمشاركة.
- عين سفراء للتغيير لترجمة الأهداف الاستراتيجية إلى واقع عملي.
- اعترف بالمخاوف حول التغيير الرقمي وأسس الحوارات المفتوحة حولها.
- مكن القيادات الوسطى من خلال تفويضات واضحة وأدوات لتحقيق التحول المتسلسل داخل وحداتهم.

إجراءات للتنفيذ الفوري

- إجراء تقييم سريع لمقاومة التغيير.

- عقد جلسات نقاش غير رسمية مع الموظفين للمشاركة في التخطيط.
- مكافأة المتبنين الأوائل للتغيير علناً.
- دعوة قادة مرموقين لمشاركة تجاربهم الشخصية في التغلب على تحديات التحول خلال لقاءات الفريق.

الفصل الثالث

3- بناء الكفاءة الرقمية

الأساس لقوة عاملة مستعدة للمستقبل

الملخص التنفيذي

يبدأ الفصل بتوضيح المفهوم المتطور للكفاءة الرقمية من الناحيتين النظرية والتطبيقية. ثم يركّز على الدور الحاسم للكفاءة الرقمية لدى موظفي القطاع العام، مؤكداً على أهمية التدريب المستمر، والقدرة على التكيّف، وبناء ثقافة التعلم المتواصل لضمان نجاح التحول الرقمي.

بينما يُركز هذا الفصل على جاهزية الموظفين، من المهم توضيح أن الكفاءة الرقمية - المعروفة أيضًا في الأدبيات بكفاءة تكنولوجيا المعلومات IT Competence - تتجاوز المهارات الفردية. ووفقًا لـ Nam et al. (2019)، تشمل كفاءة تكنولوجيا المعلومات قدرة المؤسسة على اكتساب موارد تكنولوجيا المعلومات الخاصة بها، ونشرها، ودمجها، وإعادة تكوينها لدعم استراتيجيات الأعمال والعمليات. ويشمل هذا المفهوم الأوسع الأبعاد التالية:

- قدرة البنية التحتية لتكنولوجيا المعلومات IT Infrastructure Capability: الأنظمة الأساسية والأجهزة والشبكات التي تُمكّن من تقديم الخدمات الرقمية.
- قدرة أعمال تكنولوجيا المعلومات على التكامل المؤسسي IT Business Spanning Capability: مدى تكامل أنظمة تكنولوجيا المعلومات عبر الأقسام ومواءمتها مع أهداف المؤسسة.
- الجاهزية الاستباقية لتكنولوجيا المعلومات IT Proactive Stance: قدرة المؤسسة على توقع التغيير التكنولوجي والاستجابة له وقيادته.

هذه الأبعاد أساسية لبناء مؤسسة ناضجة رقميًا. فهي تُشكّل العمود الفقري الهيكلي والاستراتيجي الذي يدعم تطوير المهارات الرقمية الفردية وتحقيق أجندة التحول الشاملة.

الكفاءة الرقمية كمحرك أساسي للتحول

لا يمكن أن ينجح التحول الرقمي بدون كوادر مؤهلة لقيادته واستدامته. فالكفاءة الرقمية تعني القدرة على استخدام الأدوات الرقمية وتكييفها وابتكار الحلول بها بثقة وفعالية. في القطاع العام، تُعد فجوة الكفاءة الرقمية من أكثر العوائق شيوعاً أمام التحول الهادف.

تتجاوز الكفاءة الرقمية المعرفة التقنية، لتشمل التفكير النقدي، وحل المشكلات، ومحو أمية البيانات، والتعلم المستمر، والقدرة على التكيّف مع الأدوات والمنصات المتطورة. وفي القطاع العام الإماراتي، كما في غيره، تُواجه المؤسسات تحدياً مزدوجاً يتمثل في رفع كفاءة

الموظفين ذوي الخدمة الطويلة، مع إعداد الأجيال الجديدة لأدوار مستقبلية لم تُحدَّد بعد.

كما تُظهر البيانات التجريبية من القطاع العام في دولة الإمارات وجود علاقة مباشرة بين الكفاءة الرقمية والانفتاح على التحول والتغيير. وقد حققت المؤسسات التي استثمرت في برامج تدريبية رقمية شاملة، ومبادرات محو الأمية الرقمية، وبيئات تعليم تعاونية، نجاحًا أكبر في تنفيذ الإصلاحات الرقمية.

على سبيل المثال، قدمت بعض الدوائر الحكومية في الإمارات العربية المتحدة معسكرات تدريب رقمية ومنصات تعليم إلكتروني مصممة خصيصًا لمستويات مختلفة من الطلاقة الرقمية. لم يُحسّن هذا ثقة المستخدم فحسب، بل غرس أيضًا ثقافة الفضول والتجريب. في المقابل، عانت الهيئات التي ركزت فقط على طرح النظام دون بناء

ما وراء المهارات

لتمكين التحول الرقمي بشكل كامل، يجب على القادة التفكير فيما يتجاوز برامج التدريب. تجمع كفاءة تكنولوجيا المعلومات الحقيقية بين:

- الاستثمار في البنية التحتية (الشبكات، المنصات، الأمن السيبراني).
- تكامل أنظمة تكنولوجيا المعلومات على مستوى الأعمال.
- الرشاقة الاستراتيجية في استشراف الاتجاهات الرقمية.

الكفاءات بالتوازي من نقص الاستخدام وإحباط الموظفين. سيسلط الفصل التالي الضوء بشكل أكبر على الدور الحاسم للقيادة في نجاح التحولات الرقمية في كل من المؤسسات الحكومية والخاصة.

نماذج دولية تعزز الدروس المستفادة

على الصعيد الدولي، تُعزز النماذج الناجحة نفس الاستنتاج، وتقدم نماذج ناجحة لتكامل التعليم الرقمي مع الخدمة الحكومية. كوريا الجنوبية، المعروفة بتميزها في مجال الحكومة الإلكترونية، تُلزم جميع موظفي الخدمة المدنية بالتدريب الرقمي المستمر وتربطه بالتقدم الوظيفي.[13] فنلندا تُدمج التعليم الرقمي من مرحلة الدراسة الابتدائية إلى الخدمة الحكومية، مُركزةً على التعلم مدى الحياة.[14] أما إستونيا، فتضمن مشاركة موظفي الخدمة المدنية في بناء الدولة الرقمية من خلال تقديم حوافز للمشاركة في تطوير الحلول الرقمية.[15]

مستويات الكفاءة الرقمية واستدامتها

إن بناء الكفاءة الرقمية ليس مبادرةً لمرة واحدة، بل يتطلب التزامًا مؤسسيًا بالتعلم المستمر، مدعومًا بسياسات واضحة وقيادة واعية. كما يتطلب توفير مساحة آمنة للفشل، حيث يُشجع الموظفون على تجربة الأدوات الجديدة، وتقديم الملاحظات، وتكرار البحث عن الحلول.

بدون هذه الأسس، قد يواجه حتى الموظفون ذوو المهارات العالية صعوبة في الابتكار أو تقديم قيمة مضافة. ولكن لتحقيق النجاح، يجب أن تُدعم هذه الجهود بأنظمة وبنية تحتية لتكنولوجيا المعلومات سريعة الاستجابة، تتطور بالتوازي مع تطور القوى العاملة

---

[13] Moon, M. J. (2024). Advancing Korea's digital government.

[14] Smolander, A. R., & Yusof, S. R. (2023). Innovative ICT Education in Early Childhood: Building Young Talents for The Digital World.

[15] Nielsen, M. M. (2017, June). eGovernance and online service delivery in Estonia.

يوضح جدول 4 الفرق بين الكفاءة الرقمية على المستوى الفردي والمؤسسي، وذلك عبر ثلاثة أبعاد رئيسية: التركيز، الممكّنات، والنتائج.

جدول 4 الكفاءة الرقمية على المستوى الفردي والتنظيمي

البعد	المستوى الفردي	المستوى المؤسسي
التركيز	المهارات، العقلية، القدرة على التكيف	البنية التحتية، التكامل، والاستراتيجية
الممكنات	التدريب، التوجيه، والأدوات الرقمية	الاستثمار، الحوكمة، والاستشراف
النتائج	الثقة، والكفاءة	القدرة على التوسع، المرونة، والقدرة على الابتكار

1. التركيز

على المستوى الفردي، يركّز مفهوم الكفاءة الرقمية على المهارات، العقلية، والقدرة على التكيّف. أي أن الموظف يجب أن يمتلك مهارات رقمية مناسبة، وعقلية منفتحة على التغيير، وقابلية للتكيّف مع الأدوات والمنصات المتطورة. أما على المستوى المؤسسي، فالكفاءة تركز على البنية التحتية، التكامل، والاستراتيجية. وهذا يشمل وجود أنظمة تقنية مترابطة، وسياسات رقمية واضحة، وخطط استراتيجية تدعم التحول الرقمي.

2. الممكنات

تشمل ممكنات الكفاءة الرقمية على المستوى الفردي كلاً من التدريب، التوجيه، والأدوات الرقمية. وهذا يعكس أهمية الاستثمار في تنمية قدرات الأفراد من خلال برامج تدريبية مناسبة ودعم تقني فعال. وعلى المستوى المؤسسي، تتمثل الممكنات في الاستثمار، الحوكمة، والاستشراف. أي أن المؤسسة تحتاج إلى استثمار مستمر في البنية

التحتية الرقمية، وتطبيق سياسات حوكمة واضحة، مع القدرة على استشراف الاتجاهات الرقمية المستقبلية.

3. النتائج

على المستوى الفردي، تُترجم الكفاءة الرقمية إلى الثقة والكفاءة، حيث يشعر الموظف بالتمكّن والارتياح عند استخدام الأدوات الرقمية، مما يرفع من إنتاجيته. أما على المستوى المؤسسي، فتظهر النتائج في القدرة على التوسع، المرونة، والابتكار، حيث تستطيع المؤسسة التكيف بسرعة مع المتغيرات، ولديها القدرة على توسيع نطاق خدماتها الرقمية، وتحقيق مستويات أعلى من الإبداع المؤسسي.

في نهاية المطاف، يجب تنمية الكفاءة الرقمية عبر المستوى الفردي، المؤسسي، والاستراتيجي. ومن خلال هذا النهج المتكامل فقط، يمكن للمؤسسات إطلاق العنان للقوة التحويلية للتقنيات الرقمية.

كيف يعزز التحول الرقمي كفاءة تكنولوجيا المعلومات؟

من أبرز النتائج التي توصلتُ إليها في بحثي للدكتوراه اكتشافُ علاقةٍ ديناميكيةٍ متبادلةٍ بين مشاريع التحول وكفاءة تكنولوجيا المعلومات. وتحديدًا، كلما ازدادت مبادرات التحول الرقمي، وخاصةً تلك التي تقودها وحدات الأعمال، ازداد الضغط على أقسام تكنولوجيا المعلومات للاستجابة والتكيف والتحسين. أي أن هذه التحديات تُسرّع من نضج البنية التحتية لتكنولوجيا المعلومات، وتُعزز التكامل بين الوظائف، وتُحسّن الاستجابة للاحتياجات الاستراتيجية. هذه النتيجة المثيرة للاهتمام ليست مجرد تصور نظري؛ فقد تم إثباته في بيئات تنظيمية حقيقية، وتتوافق بشكل كبير مع ما خبرته خلال فترة عملي في وزارة المالية في دولة الإمارات من خلال إشرافي على عدد من مشاريع

التحول الرقمية، حيث كانت المبادرات الرقمية التي تقودها وحدات الأعمال حافزًا قويًا لرفع كفاءة الأقسام التقنية في المؤسسة.

يوضح شكل 7 كيف يُمكن لمبادرات التحول الرقمي التي يقودها وحدات الأعمال أن تُحفّز التعلم المؤسسي وتطوير البنية التحتية. مع إطلاق الفرق التشغيلية لمشاريع جديدة، تُضطر أقسام تكنولوجيا المعلومات إلى تعزيز جاهزيتها وقدرتها، مما يُعزز كفاءة تكنولوجيا المعلومات بشكل عام ويُمكّن من تحوّل مستدام وقابل للتوسع.

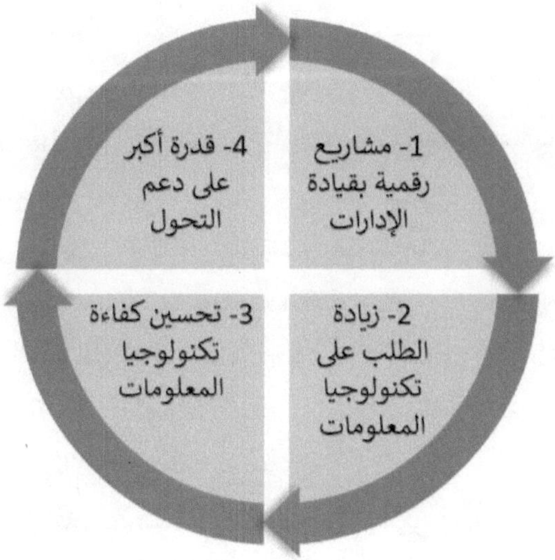

شكل 7 التفاعل بين مشاريع التحول الرقمي وكفاءة تكنولوجيا المعلومات.

رؤى رئيسية من الفصل الثالث

1. الكفاءة الرقمية تتجاوز المهارات الفردية لتشمل الكفاءة الرقمية بنية تحتية وتكاملًا استراتيجيًا يساهم في دعم الأهداف المؤسسية بفعالية.

2. الكفاءة الرقمية ضرورية لنجاح التحول الرقمي، إلا أن المبادرات الرقمية تحفز أقسام تكنولوجيا المعلومات لرفع جاهزيتها وتحين كفاءتها المؤسيية.
3. تحسين الكفاءة الرقمية عملية مستمرة وليست مؤقتة وتتطلب التزامًا طويل الأمد وقيادة تدعم التعلم من الأخطاء والتجريب المستمر.

توصيات عملية للقادة

- تشجيع الإدرات على طرح مبادرات لرقمنة عملياتها وخدماتها استناداً لخبراتهم في مجال الأعمال.
- إجراء مراجعة شاملة لمهارات الموظفين الرقمية داخل المؤسسة.
- تطوير برامج تدريبية متعددة المستويات تلبي احتياجات الموظفين حسب مستوياتهم الحالية.
- تعزيز ثقافة التعلم من خلال مكافأة التجريب ومشاركة المعرفة.
- مواءمة تنمية المهارات الرقمية مع مسارات الترقي الوظيفي والأهداف الاستراتيجية.
- ضمان توافق تخطيط البنية التحتية لتكنولوجيا المعلومات مع تنمية المهارات الرقمية لدعم تحول قابل للتوسع.

الفصل الرابع

4- القيادة في الأوقات المضطربة

دور القيادة التحولية في التغيير الرقمي

الملخص التنفيذي

يسلط هذا الفصل الضوء على القيادة التحولية باعتبارها القوة المحرّكة الرئيسية لنجاح التحولات الرقمية، مع التأكيد على أهمية الرؤية القيادية، والتواصل الفعّال، والإدارة التكيفية في توجيه المؤسسات خلال فترات التغيير.

تنجح أو تفشل جهود التحول الرقمي اعتماداً على جودة القيادة. فبينما يمكن شراء التكنولوجيا وإعادة تصميم العمليات، تبقى القيادة هي من تُشكل الرؤية، وتُلهم التغيير، وتقود المؤسسات في أوقات عدم اليقين. وفي ظل التحولات المتسارعة، تصبح القيادة التحولية ضرورة لا ترفاً.

كما أشار جورج ويسترمان ببراعة، "التكنولوجيا تتغير بسرعة، بينما تتغير المؤسسات ببطء أكبر"[16]. يُعزز هذا التأكيد فكرة أن التحول الرقمي هو في جوهره تحدٍّ قيادي وثقافي. يتطلب تحقيق التحول المستدام أكثر من مجرد بنية تحتية، بل يتطلب قيادةً ثاقبةً واستعدادًا مؤسسيًا منهجيًا.

القيادة التحويلية تقوم على سمات أهمها، عدم فرض الأوامر من علو، بل إلهام العاملين برؤية مشتركة مستقبلية واضحة وجذابة، ثم يعملون على إشراك الموظفين في تبني هذه الرؤية وجعلها هدفًا مشتركًا. وبذلك يحولون الغاية المؤسسية من مجرد تنفيذ المهام إلى المساهمة في مشروع تحويلي يُشعر كل فرد بأهميته في مسيرة التغيير.

تحدي الوضع القائم (Status Quo) بدلاً من الاكتفاء بإرث الأنظمة التقليدية السائدة. حيث يطرح القائد التحويلي أسئلة نقدية حول الأساليب الحالية، ويتحدى الفرضيات المستقرة، ويبحث عن طرق جديدة لتحقيق الكفاءة والابتكار. هذه القدرة على كسر الجمود المؤسسي هي ما تفتح الباب أمام التجديد والإبداع.

علاوة على ذلك، يقوم القائد التحولي بتمكين المرؤوسين وبناء الثقة عن طريق إسناد المسؤوليات وحرية إتخاذ القرار في إطار الصلاحيات الممنوحة المبنية على إيمانه بقدرات فريقه. هذا التمكين يخلق فرق عمل ماهرة وعالية الأداء تشعر بالانتماء والحافز الداخلي.

---

[16] Westerman, G. (2025, February 25). Integrating generative AI into business strategy [Video]. YouTube. MIT Bangkok Symposium. https:// youtu.be/9RvWcXVaAng

ويتوج كل ما سلف بممارسة القيادة بالقدوة (Leading by Example). فالتحول لا يُفرض بالخطب الرنانة، بل يحتاج إلى قائد يجسد التغيير في سلوكه الشخصي. إظهار إلتزامه بالتعلّم، تقبله الفشل كتجربة بنّاءة، وتصرّفه بشفافية ومرونة، يجعل منه نموذجًا يُحتذى.

القيادة التحولية في مواجهة التقليدية

في السياقات الرقمية، القادة الذين يتبنون التحول يعملون كمحفّزين للتغيير. فهم يصوغون رؤية رقمية ملهمة، ويكسبون دعم جميع المستويات، ويخلقون بيئة قائمة على الثقة والتعلم. وهذا يختلف عن القادة التقليديين الذين يعتمدون على السلطة أو الامتثال، وهي أساليب غالباً ما تؤدي إلى زيادة المقاومة وتعطيل الابتكار. فيما يلي مقارنة بين القيادتين في أبعاد محددة كما في جدول 5.

جدول 5 مقارنة بين القيادة التقليدية والتحولية في أبعاد التحول

البُعد	القيادة التقليدية	القيادة التحولية
التركيز	الحفاظ على النظام	الإلهام والتجديد
نمط التواصل	توجيهي من أعلى لأسفل	رؤيوي ومُشرك
مشاركة الموظف	قائمة على الامتثال	مبنية على الثقة والتحفيز
التعامل مع المخاطر	متحفظة	منفتحة على التجريب
نتائج التحول	مقاومة وجمود	تبنٍّ وزخم وتحول ثقافي

الجدول يعرض مقارنة بين القيادة التحولية والقيادة المعاملاتية (التقليدية) عبر عدة أبعاد رئيسية، توضح كيف تختلف كل منهما في طريقة التفكير، التفاعل، وتحقيق النتائج داخل المؤسسة. إليك شرحاً مفصلاً لكل بعد:

1. **التركيز**

القيادة التحولية تركز على الإلهام والتجديد، أي تسعى إلى إحداث تغيير جذري من خلال رؤية مبتكرة تلهم العاملين وتدفعهم لتبني التطوير. أما القيادة التقليدية تركز على الحفاظ على النظام، أي تعمل على استمرار الوضع القائم وضمان الامتثال للقواعد والإجراءات الحالية دون تغيير جذري.

2. **نمط التواصل**

القيادة التحولية تقوم على رؤية مشتركة وتواصل أفقي وعمودي (رؤيوي وتشاركي)، حيث القائد يتواصل بشكل شامل مع مختلف المستويات داخل المؤسسة ويشركهم في تشكيل الرؤية. أما القيادة التقليدية تتبع أسلوب توجيهي من أعلى لأسفل، حيث يُصدر القائد التعليمات ويُتوقع من الموظفين الامتثال دون مناقشة أو مساهمة في صنع القرار.

3. **مشاركة الموظف**

القيادة التحولية تعتمد على الثقة والتحفيز، حيث يُنظر إلى الموظفين كشركاء في النجاح ويتم تمكينهم ومكافأتهم على الإبداع. أما القيادة التقليدية تقوم على الامتثال، أي أن الموظف يُتوقع منه تنفيذ الأوامر وفق اللوائح دون الحاجة للمبادرة أو المشاركة الفعالة.

4. **التعامل مع المخاطر**

القيادة التحولية منفتحة على التجريب والمخاطرة المحسوبة بهدف الابتكار والتعلم من الفشل. أما القيادة التقليدية

محافظة، تتجنب التغيير وتعمل على تقليل المخاطر حتى لو كان ذلك على حساب تفويت فرص التحسين.

5. نتائج التحول

القيادة التحولية تؤدي إلى تأثير وزخم وتحول ثقافي طويل الأمد داخل المؤسسة. أما القيادة التقليدية غالباً ما تسفر عن مقاومة وجمود بسبب ضعف التحفيز وعدم التجاوب مع متطلبات التغيير.

فهم منحنى التغيير

حتى يقود القادة التغيير بفعالية، عليهم أن يدركوا أن التحول الرقمي لا يقتصر على الهيكل التنظيمي، بل هو تجربة عاطفية. وهنا نعود مرة أخرى للحديث عن منحنى التغيير أو نموذج كوبلر-روس، الذي تناولته بشكل موسع في الفصل الثاني من هذا الكتاب (شكل 5). حيث تعتبر أداة فعالة لفهم الرحلة النفسية للموظفين في مسار التغيير. إن إدراك موقع الأفراد على هذا المنحنى يُساعد القادة على فهم نفسيات الأفراد، ونوعية الدعم الملائم لهم وفي الوقت المناسب.

في السياق الرقمي، القادة الذين يدركون هذه الرحلة العاطفية تكون لديهم فرصة أكبر للاحتفاظ بالمواهب، بناء المرونة، والحفاظ على مشاركة الجميع طوال فترة التغيير. في القطاع العام في دولة الإمارات العربية المتحدة، حيث غالبًا ما تكون التحولات سريعة وواسعة النطاق، فإن هذا النوع من القيادة المتعاطفة ضروري لاستقرار الفرق وترسيخ التغيير.

ممارسات قيادية حكومية في السياق الإماراتي

في سياق قيادة التحول الرقمي، لا يكفي تبني التكنولوجيا أو إصدار سياسات عامة؛ بل يتطلب الأمر إحداث تغيير جذري في أنماط القيادة والحوكمة داخل المؤسسات الحكومية. وهذا التغيير يجب أن يكون مبنيًا على ممارسات عملية مدروسة، تسهم في خلق بيئة رقمية ناضجة وقابلة للنمو والتطوير.

يتطلب النجاح في السياق الإماراتي مواءمة القيادة التحولية مع ثقافة احترام التسلسل القيادي، عبر تعزيز قيم الانفتاح، والتكيف، والشمول. لذلك، فإن تنمية القيادات ضرورة استراتيجية، عبر التدريب التنفيذي، والتوجيه، والتعلم من الأقران.

في دولة الإمارات، أظهرت بعض الجهات الحكومية ديناميكيات قيادية قوية. فقد اعتُبر المسؤولون التنفيذيون الذين شاركوا بفعالية في التخطيط الرقمي، ورعوا مختبرات الابتكار، وتواصلوا بشكل منتظم مع الموظفين بشأن أهداف التحول وتقدمه، أكثر فاعلية في نظر فرق العمل. في المقابل، الجهات التي اتسمت قيادتها بالتردد أو الانفصال شهدت تراجعاً في التفاعل وتبنّي التغيير.

أمثلة متميزة

- استفادت الهيئة الاتحادية للهوية والجنسية من حضورها التنفيذي القيادي المتميز لتنفيذ خدمات الهوية الرقمية الخالية من الأوراق على مستوى الدولة.[17]

---

[17] Al Batayneh, R. M., Taleb, N., Said, R. A., Alshurideh, M., Ghazal, T. M., Ghazal, T. M., & Alzoubi, H. M. (2021). IT Governance Framework and Smart Services

- لعبت قيادة وزارة الصحة دوراً حاسماً في دمج منصات الطب عن بُعد في مختلف المرافق خلال أزمة كوفيد-19 وبعدها، مع التركيز على المرونة وتمكين الكوادر.
- أطلقت هيئة الطرق والمواصلات في دبي مبادرات مدعومة بالذكاء الاصطناعي بفضل التزام القيادة بهدف تقديم خدمات تنبؤية.

نماذج عالمية للقيادة الداعمة

على الصعيد العالمي، تؤمن نيوزيلندا أن تمكين القيادة الرقمية يبدأ من القمة[18]، حيث يرفع كبير مسؤولي التحول الرقمي تقاريره مباشرة إلى القيادة السياسية، ما يعكس أهمية هذا الدور في توجيه السياسات الوطنية، ويمنحها سطات إشرافية أوسع، ويضمن تكامل التحول الرقمي مع الأجندة الحكومية العليا.

في كندا، تبنت الحكومة نموذجًا يعتبر المسؤولين التقنيين شركاء استراتيجيين في التخطيط، وليسوا مجرد منفذين للتقنية.[19] وهذا التمكين يعزز من قدرة المؤسسات على الربط بين السياسات العامة والقدرات الرقمية.

في شركة مايكروسوفت، عندما تولى ساتيا ناديلا قيادة الشركة، أحدث تحولًا ثقافيًا جذريًا يقوم على القيادة الإنسانية والتركيز على النمو

Integration for Future Development of Dubai Infrastructure Utilizing AI and Big Data

[18] Adie, B. U., Tate, M., Valentine, E., & Cho, W. (2024). Digital Leadership Competencies for Digital Government: Insights and Implications from New Zealand Government Agencies.

[19] Chawla, R. N., Saxena, D., & Goyal, P. (2022). The Critical Role of the Chief Information Officer in Smart Management of Digital Transformation.

والتعلم المستمر[20]، مما أعاد تموضع الشركة كمبتكر عالمي في المجال الرقمي، وهي تجربة تلهم المؤسسات الحكومية بأهمية الثقافة الداخلية في قيادة التغيير.

ممارسات تستحق التبني

القيادة الرقمية ليست مجرد دور إداري، بل هي محرّك ثقافي واستراتيجي. ومن خلال تبني ممارسات مبتكرة، والاستفادة من النماذج العالمية، يمكن للإدارات الحكومية أن تحقق تحولًا رقميًا فعليًا ينعكس على كفاءة الخدمات، ورضا المتعاملين، ومرونة الأداء المؤسسي في مواجهة التحديات المستقبلية. وفيما يلي بعض تلك الممارسات:

1. تأسيس وحدات ابتكار فعّالة داخل الوزارات

لا يكفي إنشاء أقسام للابتكار كواجهة شكلية، بل يجب أن تكون هذه الوحدات مدعومة مباشرة من القيادة العليا، ومرتبطة بأهداف استراتيجية واضحة، مع صلاحيات فعلية وموارد كافية. وجود هذه الوحدات يساعد على تجريب حلول رقمية جديدة، وتحفيز ثقافة التغيير، وخلق بيئة تحتضن الفشل كوسيلة للتعلم، وليس كعائق للتقدم.

2. ربط تقييم الأداء بمؤشرات النضج الرقمي

لتحفيز الانخراط الحقيقي في التحول الرقمي، من الضروري دمج مؤشرات النضج الرقمي في نظام تقييم الأداء، سواء للقيادات الوسطى أو الموظفين. هذا يشمل استخدام التقنية،

---

[20] Bilgiseven, E. B. (2024). Transformational and Digital Leadership for Digital Transformation in the Digital Age.

والمشاركة في التدريب الرقمي، والمساهمة في تحسين العمليات الرقمية. بذلك يصبح الأداء الرقمي جزءًا من ثقافة العمل، وليس مجرد مبادرة مؤقتة.

3. **عقد لجان رقمية تنسيقية وتوجيهية بين القطاعات الحكومية**

التحديات الرقمية تتطلب تعاونًا بين الجهات وليس فقط جهدًا فرديًا. من هنا، تأتي أهمية تشكيل لجان تنسيقية دائمة تتبادل البيانات والخبرات، وتعمل على تكامل الأنظمة والخدمات، وتُحقق الرؤية الرقمية للدولة من خلال سياسات موحدة وتشاركية.

4. **تصميم برامج مكثفة لتنمية مهارات القيادات**

يجب أن تخضع القيادات العليا والمتوسطة لبرامج تدريبية موجهة في مجالات مثل القيادة التحولية، وإدارة التغيير، وفهم النماذج الرقمية الناشئة. يجب أن تراعي هذه البرامج السياق الإماراتي من حيث البنية التنظيمية، والأنظمة القانونية، والخصوصية الثقافية، لضمان فاعلية التطبيق.

وأخيراً، فإن التحول الرقمي ليس رحلة تقنية فقط، بل هو مسار إنساني. فخلف كل إنجاز رقمي قائد آمن بالرؤية، واستمع بصدق، وتصرف بشجاعة. وفي عالم متسارع، القيادة التحولية هي من تُحوّل الرؤية إلى واقع، والغموض إلى فرص. ولهذا، فإن الاستثمار في القيادة لم يعد خياراً، بل أساساً للبقاء والتفوق.

رؤى رئيسية من الفصل الرابع

- أسلوب القيادة يحدد مدى تفاعل الموظفين واستعدادهم للتغيير.
- يجب مواءمة النماذج القيادية مع السياق الثقافي والمؤسسي.
- القيادة التحويلية هي محرك التغيير الرقمي. سلوكياتها، وظهورها، وتقديرها، كلها عوامل تُعزز الثقة، تُعزز الزخم، وتُغير الثقافة.
- القيادة المتعاطفة تُراعي الجانب العاطفي للتغيير، وتُعزز الاستقرار والأداء.
- الإمارات تمثل نموذجاً فعّالاً لقيادة التغيير الرقمي على مستوى القطاع العام.

توصيات عملية للقادة

- قيّم أسلوب القيادة الحالي مقابل خصائص القيادة التحولية.
- إمنح أولوية للتواصل المباشر والحضور الفعّال أثناء التغيير.
- صمم برامج تنمية قيادية مخصصة للتحول الرقمي.
- مكن القادة على كافة المستويات، وليس فقط المسؤولين التنفيذيين، للعمل كوكلاء للتغيير.
- استخدم نموذج منحنى التغيير لتوجيه استراتيجيات دعم الموظفين طوال دورة حياة التحول.
- أنشيء منصات ومنتديات رقمية شفافة للتغذية الراجعة والتعلم القيادي المستمر.

إجراءات للتنفيذ الفوري

- تنظيم ورش عمل تنفيذية قصيرة تُركز على ممارسات القيادة التحويلية.

- تفعيل قنوات اتصال غير رسمية يُشارك فيها القادة مستجدات التحول الرقمي بانتظام.
- تكريم الفرق التي تُجسد القدرة على التكيف والتفكير الإبداعي في العمل.
- توزيع ملخص مرئي من صفحة واحدة لمنحنى التغيير كوبلر-روس مع نصائح قيادية.

الفصل الخامس

5- الهياكل والسياسات الرقمية

مواءمة الرؤية الرقمية مع التصميم المؤسسي
في ظل سياسات رقمية قيّمة

الملخص التنفيذي

يركّز هذا الفصل على مواءمة الاستراتيجية الرقمية مع الهياكل المؤسسية، مبرزًا أهمية المرونة التنظيمية، التعاون بين الوظائف المختلفة، ونماذج الحوكمة الاستراتيجية لتحقيق تحول رقمي مستدام في القطاع العام. ويختتم الفصل بتوصيات سياساتية لإضفاء الطابع المؤسسي على التحول، وتحويل السياسات الرقمية إلى قيمة حقيقية تحقق رفاهاً للمجتمع.

حتى أكثر الاستراتيجيات الرقمية إحكاماً وإقناعًا قد تفشل إذا لم تدعمها بنية مؤسسية قادرة على التنفيذ. فالاستراتيجية تحدد الاتجاه، بينما يحدّد الهيكل التنظيمي القدرات. في القطاع العام، قد يؤدي عدم التوافق بين الطموحات الرقمية والأنظمة الموروثة، سواءً التقنية أو البيروقراطية، إلى إبطاء التقدّم أو إحباطه بالكامل.

في دولة الإمارات العربية المتحدة، تُعَدّ رؤى وطنية مثل «استراتيجية الحكومة الرقمية» مخططًا قويًّا للتحول. غير أنّ تحويل هذه الرؤية إلى واقع يومي يتطلّب إصلاحًا هيكليًّا، إذ تواجه بعض الوزارات والجهات الحكومية عزلة وظيفية بما يعرف بالصوامع التنظيمية، وكذلك هياكل هرمية جامدة، وأنظمة تقنية مجزّأة، وأحياناً تضارُبًا في المهام والاختصاصات. هذه العوامل الهيكلية تعرقل تقديم الخدمات بسلاسة، وتعيق تبادل البيانات، وتحدّ من الابتكار.

اختناقات هيكلية تعيق التحول

التحديات المذكورة أعلاه للمواءمة بين الاستراتيجيات الرقمية والهيكل التنظيمي، يتوافق مع ما رصده البحث في القطاع العام على المستوى العالمي. حيث حددت الدراسة عدداً من "نقاط الألم الهيكلية" التي تُعدّ من أبرز العوائق التي تواجه جهود التحول الرقمي داخل المؤسسات العامة. هذه التحديات لا تتعلق بالتكنولوجيا بحد ذاتها، بل ترتبط بالبنية الإدارية والتنظيمية المتجذرة، والتي غالبًا ما تكون غير متوافقة مع متطلبات البيئة الرقمية الحديثة. وأهم هذه النقاط:

1. **العزلة الوظيفية Functional Silos**

تنشأ عندما تعمل الإدارات والأقسام كوحدات مستقلة، دون تنسيق أو تفاعل حقيقي بينها. يؤدي ذلك إلى ضعف التواصل الداخلي، وتعطيل العمليات التي تتطلب مشاركة متعددة التخصصات، ويعيق التكامل الضروري لتنفيذ التحول الرقمي بكفاءة. المؤسسات التي تعاني من العزلة لا تستطيع الاستفادة من رؤاها وخبراتها بشكل جماعي.

2. **مركزية اتخاذ القرار Overcentralized Decision-Making**

في الأنظمة شديدة المركزية، حيث تحتكر مستويات الإدارة العليا اتخاذ القرار، يخلق ذلك تأخرًا في التنفيذ ويحد من قدرة الفرق الفنية والإبداعية على التجريب والتطوير. هذه المركزية تُعيق الابتكار وتُضعف القدرة على الاستجابة السريعة لتغيرات بيئة العمل.

3. **الأنظمة الموروثة والمتقادمة Redundant Legacy Systems**

عندما تستخدم المؤسسات أنظمة تقنية قديمة وغير مترابطة، يؤدي ذلك إلى ضعف التوافق البيني، وصعوبة تبادل البيانات بين الأقسام، وإلى تعقيد عمليات الأتمتة والتحديث. وغالبًا ما تكون هذه الأنظمة مكلفة في الصيانة وغير مرنة.

4. **الحوافز غير المنسجمة Misaligned Incentives**

عندما تُصمَّم أنظمة الحوافز بما يعزز الأداء الفردي أو القسم المعين دون النظر إلى الأهداف المؤسسية الشاملة، فإن ذلك يُثبط التعاون بين الفرق، ويولّد بيئة تنافسية سلبية بدلاً من تعاونية.

ولتحويل نقاط الألم السابقة إلى أبعاد عمل استراتيجية قابلة للتنفيذ، يأتي جدول 6 ليقدم "الصورة المستقبلية المرغوبة" التي يجب أن تتحول إليها تلك الهياكل كخريطة الطريق للحلول البديلة.

جدول 6 الفروقات الجوهرية بين الهياكل التنظيمية التقليدية والرقمية

البُعد	الهيكل التقليدي	الهيكل المتماشي رقميًا
اتخاذ القرار	مركزي وثابت	موزّع ومرن، مما يعزز التجاوب السريع
التعاون	معزول داخل الأقسام	تعاوني عبر الوظائف والمجالات
الأنظمة التقنية	موروثة ومجزأة	قابلة للتكامل، معيارية، وقابلة للتحديث
الحوكمة	بيروقراطية ومغلقة	تكيفية وسريعة الاستجابة
الابتكار	متحفظ وتفاعلي	مدعوم بحاضنات تجريبية ومختبرات ابتكار

يوضّح هذا الجدول الفروقات الجوهرية بين الهياكل التنظيمية التقليدية والهياكل المصممة خصيصًا لدعم التحول الرقمي داخل المؤسسات. ويبرز كيف أن إعادة تصميم الهيكل المؤسسي يمثل خطوة ضرورية لتمكين التكنولوجيا، وليس مجرد تعديل إداري سطحي. ولمزيد من الإيضاح، فيما يلي شيء من الشرح للأبعاد المقارنة:

1. **اتخاذ القرار Decision-making**

في الهيكل التقليدي، تُتخذ القرارات بشكل مركزي، وغالبًا ما تكون ثابتة وغير مرنة. هذا يعني أن السلطة محصورة في المستويات العليا من الإدارة، ما يخلق بطئًا في الاستجابة ويحدّ من قدرة الفرق الفنية أو التشغيلية على التجريب والابتكار. أما الهيكل الرقمي، فيتسم باتخاذ قرارات موزعة ورشيقة(Agile) ، حيث تُفوّض السلطات إلى مستويات متعددة داخل المؤسسة. هذا يتيح سرعة الاستجابة للمتغيرات، ويشجع على اتخاذ قرارات أكثر قربًا من واقع العمل والاحتياجات التقنية الفعلية.

2. التعاون Collaboration

في الهيكل التقليدي، يسود النمط "العمودي" أو المعزول (Siloed)، حيث تعمل كل إدارة أو وحدة بمعزل عن الأخرى، ما يؤدي إلى تكرار الجهود، وسوء التنسيق، وضعف تدفق المعرفة. في حين أن الهيكل الرقمي يعتمد على فرق عمل عابرة للوظائف(Cross-functional teams) ، تُشكَّل من مختلف التخصصات، وتعمل بتناغم لتحقيق أهداف مشتركة، خاصة في مشاريع التحول الرقمي التي تتطلب مهارات متنوعة وتكاملًا أفقيًا.

3. الأنظمة التقنية IT Systems

في الهيكل التقليدي، تكون الأنظمة التقنية قديمة (Legacy) ومجزّأة، وقد لا تكون متوافقة أو مترابطة، ما يعيق التكامل المؤسسي ويزيد من تكلفة التشغيل والتطوير. أما في الهيكل الرقمي، فتعتمد الأنظمة على مبدأ التوافق البيني (Interoperability)، وتكون معيارية (Modular) ، بحيث يمكن تحديث أجزاء منها دون تعطيل المنظومة بأكملها. هذه المرونة التقنية ضرورية لدعم التوسع الرقمي والتكامل بين الجهات.

4. الحوكمة Governance

البيروقراطية تسود في الهيكل التقليدي، حيث تطغى الإجراءات الرسمية، ويغيب التكيّف مع المتغيرات. هذا النوع من الحوكمة يبطئ عملية صنع القرار، ويقلل من القدرة على التكيف مع التحديات الرقمية. وفي الهيكل الرقمي، تقوم الحوكمة على التكيف والاستجابة السريعة (Adaptive, responsive)، أي

أنها مرنة، وتعيد ضبط نفسها بحسب متطلبات السوق والتكنولوجيا، مع الحفاظ على مستوى كافٍ من الضبط والمساءلة.

5. **الابتكار Innovation**

في الهيكل التقليدي، يُنظر إلى الابتكار باعتباره مخاطرة غير مرغوب فيها، لذلك يكون التعامل معه بتحفظ، وتفاعليًا فقط عند الضرورة. تفتقر المؤسسات التقليدية إلى آليات تدعم التجريب أو التعلم من الفشل. أما في الهيكل الرقمي، فالابتكار يُدعَم من خلال حاضنات تجريبية (Sandboxes) أو مختبرات ابتكار، تسمح بتجريب الأفكار الجديدة في بيئة مضبوطة قبل تعميمها. هذه المقاربة تُعزّز ثقافة الإبداع وتقلل من مقاومة التغيير.

كما تُبرز المقارنة، يتطلب التحول من الهياكل التقليدية إلى الهياكل الرشيقة إصلاحًا تصميميًا مدروسًا. ويتطلب التحول الفعال إعادة هيكلة هيكلية تُركز على المرونة والتكامل والتعاون بين مختلف الوظائف.

على الصعيد المحلي، بدأت بعض الجهات في دولة الإمارات العربية المتحدة هذه العملية بإنشاء مكاتب للتحول الرقمي، أو تعيين رؤساء تنفيذيين للقطاع الرقمي، أو اعتماد هياكل فرق عمل مصفوفية. تُتيح هذه التغييرات مساحات جديدة للتجريب، وتُحسّن مواءمة المبادرات الرقمية مع المهام المؤسسية الأساسية.

على الصعيد العالمي، تُعيد الحكومات تصميم هياكلها الداخلية لتعكس الواقع الرقمي.[21] أنشأت الدنمارك وحدة استراتيجية رقمية مشتركة بين الحكومات تُنسق الجهود الوطنية وتُزيل الحواجز بين الجهات. وأنشأت سنغافورة "GovTech"، وهي وكالة داخلية تُقدم خدمات رقمية مشتركة بين الوزارات. وأعادت وزارة العمل والمعاشات في المملكة المتحدة هيكلة نفسها لتشمل فرق عمل مرنة، مما قلل من البيروقراطية وحسّن من تقديم الخدمات للمستخدمين.

إلى جانب الهيكل التنظيمي، يلعب وضوح الحوكمة دورًا محوريًا في استدامة الزخم الرقمي. ويشمل التصميم المؤسسي أيضًا نماذج الحوكمة للإجابة على أسئلة من قبيل؛ من يملك الاستراتيجية الرقمية؟ من يُقرّ الاستثمارات التكنولوجية؟ من المسؤول عن إدارة المخاطر الرقمية؟ لذا بدون حوكمة واضحة، يُصبح التحول الرقمي مُجزّأً وعرضةً للتكرار. هذا التحول لا بد أن يكون مصحوبًا برؤية قيادية واضحة، واستثمار طويل الأمد في التغيير الثقافي والتنظيمي، لضمان أن تصبح الهياكل المؤسسية محفزًا لا عائقًا للتحول الرقمي.

التحول الهيكلي المستدام

يُبرز الإطار البصري الوارد في شكل 8 العناصر الأساسية اللازمة لتحويل الرؤية الرقمية إلى واقع تشغيلي. يتكوّن هذا الإطار من ثلاثة مستويات متكاملة ومترابطة تُبنى فوق بعضها البعض، وتشكل معًا منظومة متكاملة للتحول الرقمي المؤسسي في القطاع العام.

---

[21] *Executive summary*. (2022). OECD eBooks.

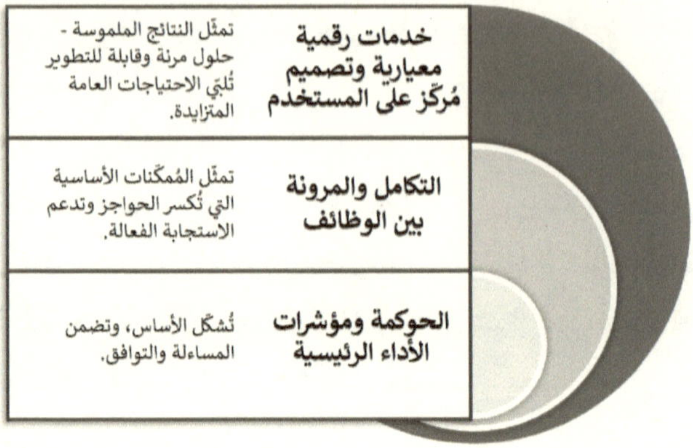

شكل 8 أعمدة التحول الهيكلي المستدام.

فيما يلي بعض الشرح ركائز التحول الهيكلي المستدام :

1. **الخدمات الرقمية المعيارية والتصميم المرتكز على المستخدم.** هذه ركيزة لضمان الانضباط والاتجاه، وتمثل النتائج الملموسة التي يراها الجمهور والمستفيدون من الخدمات الحكومية، وهي الطبقة الظاهرة من التحول الرقمي وتمثل الناتج النهائي الذي يخدم احتياجات الجمهور المتغيرة بشكل مرن وقابل للتطوير. هذه الركيزة تحوي الخدمات المعيارية Modular digital services أي أن الخدمات مصممة بطريقة قابلة لإعادة الاستخدام والتطوير، بحيث يمكن استبدال أو تحسين جزء معين دون التأثير على النظام بأكمله. هذه المقاربة تقلل التكاليف وتعزز القدرة على التوسع. وتحوي أيضاً، التصميم المرتكز على المستخدم user-centered design وتعني أن جميع الخدمات تُطوَّر بناءً على فهم دقيق لاحتياجات المستفيدين وسلوكياتهم وتوقعاتهم، مما يعزز تجربة المستخدم ويزيد من معدلات التبني والرضا.

2. **التعاون العابر للوظائف والرشاقة التنظيمية** لضمان الانسيابية والابتكار. تقع في قلب النموذج، وتمثل البنية التمكينية الأساسية التي تضمن كفاءة التنفيذ وفعالية الاستجابة، وتعمل كمحرك داخلي يدعم التماسك المؤسسي ويعزز سرعة الاستجابة. تتكون هذه الركيزة من التعاون العابر للوظائف Cross-functional collaboration وتعني كسر الحواجز بين الإدارات وتعزيز العمل الجماعي من خلال فرق متكاملة تتكون من خبرات متنوعة (تقنية، إدارية، قانونية، تشغيلية...). هذا النمط من التعاون ضروري لتطوير حلول متكاملة وشاملة. أما الرشاقة التنظيمية Agility فتعني القدرة على التفاعل بسرعة مع المتغيرات، من خلال عمليات مرنة واتخاذ قرارات لامركزية، وتطبيق منهجيات تكرارية تقوم على التقييم والتحسين المستمر.

3. **الحوكمة ومؤشرات الأداء الرئيسية.** تعتبر ركيزة لتقديم نتائج ملموسة وفعّالة للمجتمع، وتمثل القاعدة التي يقوم عليها النموذج بأكمله، وتوفّر الضبط والاتساق والتوجيه الاستراتيجي وهو الأساس الصلب الذي يضمن المساءلة، ويعزز الشفافية والاتساق في التنفيذ. تشتمل هذه الركيزة على الحوكمة Governance وتشير إلى وضوح الأدوار والمسؤوليات، وتحديد من يملك الاستراتيجية الرقمية، ومن يتخذ القرارات، ومن يتحمّل مسؤولية النتائج. وغياب الحوكمة يؤدي إلى التكرار والارتباك وفقدان الثقة. أما مؤشرات الأداء KPIs فتُستخدم لتقييم التقدم، وقياس النتائج، وضمان أن تكون المبادرات الرقمية متوافقة مع الأهداف المؤسسية العامة.

هذا النموذج يُظهر أن التحول الرقمي لا يتحقق فقط عبر الأدوات التقنية أو الأنظمة الذكية، بل يتطلب تفعيلًا متكاملًا لركائها الثلاث. يتعامل النموذج مع المؤسسة كجسم حيّ يبدأ من الداخل إلى الخارج: من الحوكمة كجذر، مرورًا بالفرق كعضلات، وصولًا إلى الخدمات كواجهة.

خارطة طريق التحولات الاستراتيجية

يشير التحول الهيكلي الرقمي إلى إعادة تصميم شاملة للبنية المؤسسية بما يتلاءم مع متطلبات العصر الرقمي، ويقوم على مبدأ التكامل بين الهيكل، والثقافة، والعمليات، والتقنية. ولتحقيق هذا النوع من التحول، لا يكفي تحديث الأنظمة التقنية فحسب، بل يتطلب الأمر تغييرات عميقة في نماذج العمل والحوكمة وأساليب اتخاذ القرار. وقد أوصى الباحثون بعدة تحولات استراتيجية تمثّل خارطة طريق عملية للمؤسسات الطامحة إلى رقمنة هياكلها بفعالية، منها ما يلي:

1. التحول من التسلسلات الهرمية الجامدة إلى الشبكات متعددة الوظائف. من خلال تفكيك النماذج التقليدية القائمة على القيادة من القمة إلى القاعدة، واستبدالها بهياكل مرنة تعتمد على فرق متداخلة الوظائف تمتاز بالسرعة والتكامل في الأداء، مما يعزز الابتكار ويقلل من زمن اتخاذ القرار.
2. اعتماد نماذج المنصات الموحّدة، القائمة على فكرة إنشاء بنية تحتية رقمية موحدة تدمج بين الخدمات والبيانات، وتسمح بإعادة استخدامها وتطويرها بسهولة. وهذا يعزز الكفاءة التشغيلية ويقلل التكرار والازدواجية في تقديم الخدمات.
3. تمكين القيادات الوسطي من إدارة المبادرات الرقمية في ظل الحوكمة الفعّالة، مما يحقق مرونة أعلى، نظرًا لقرب تلك

القيادات من العمليات اليومية والفِرق التنفيذية. ويُعدّ تمكينهم عاملًا حاسمًا في تسريع الابتكار المؤسسي.

4. مواءمة مؤشرات الأداء الرقمية مع الأهداف المؤسسية لكي لا تكون منفصلة عن الإطار العام لقياس الأداء المؤسسي، لضمان تحقيق الأثر الرقمي ضمن أهداف المؤسسة واستراتيجيتها.

5. إدخال الرشاقة في التخطيط والميزانية. فبدلاً من دورات التخطيط الجامدة وطويلة الأمد، يُوصى باعتماد دورات تخطيط قصيرة وتكرارية (Iterative) ، تسمح بالتجريب والتعديل المستمر، وتزيد من مرونة تخصيص الموارد حسب الحاجة.

6. ترسيخ مبادئ التصميم الرشيق. يشمل ذلك اعتماد ممارسات مثل التغذية الراجعة المستمرة، اللامركزية في اتخاذ القرارات،

أسئلة محورية قبل الإصلاح الهيكلي الرقمي

قبل الشروع في الإصلاح البنيوي الرقمي، ينبغي على القادة أن يطرحوا على مؤسساتهم أسئلة حاسمة:

- مَنْ يملك ويقود الاستراتيجية الرقمية؟
- هل أنظمة تكنولوجيا المعلومات لدينا متوافقة وقابلة للتطوير والتوسيع؟
- هل تعمل فرقنا بشكل منعزل أم بتكامل عبر وظائف متعددة؟
- كيف تُتخذ القرارات، وما مدى سرعتها؟
- وهل نعزّز التعاون أم نرسّخ التجزئة؟
- ما هي آليات التغذية الراجعة والتقييم التي نعتمدها لتعديل هيكلنا مع تطور الاحتياجات؟

والتطوير المستمر، مما يُعزز الاستجابة للتغيرات المتسارعة ويوائم بين احتياجات المستخدمين ومتطلبات المؤسسة.

7. تشكيل فرق متعددة التخصصات. وتُعدّ هذه الفرق أكثر قدرة على الاستجابة السريعة للتحديات المتغيرة، حيث تجمع بين المهارات الفنية والتنظيمية والسياساتية، مع الحفاظ على التوجه الاستراتيجي العام للمؤسسة.

8. بناء عمليات معيارية قابلة للتكيّف. بحيث يُستبدل منطق "إعادة البناء الكلي" بمنهج "التكيّف المرحلي"، حيث تُصمم العمليات بشكل معياري قابل للتطوير، مما يتيح تحديثها بسهولة دون تعطيل شامل للمنظومة.

9. ضمان دعم القيادة العليا. فالاصلاح الحقيقي يتطلب التزامًا من القادة التنفيذيين، ليس فقط بتوفير الموارد، بل بالمشاركة الفعلية في دعم فرق العمل، وإزالة العوائق، وتوفير الغطاء المؤسسي للتجريب.

10. دمج التصميم المرتكز على المستخدم. أي أن يتم تطوير كل خدمة أو نظام بناءً على فهم عميق لاحتياجات المستفيد النهائي، مما يضمن القبول الواسع والاستفادة المثلى من الخدمات الرقمية.

11. إنشاء حاضنات ومختبرات ابتكار توفّر البيئة اللازمة لتجريب الأفكار الجديدة بطريقة آمنة وموجَّهة، قبل تعميمها على نطاق واسع، مما يقلل من المخاطر، ويزيد من فرص النجاح.

إن المؤسسة التي تنجح في هذا المسار لا تتكيّف فقط مع الواقع الرقمي، بل تصبح قادرة على قيادته وصناعته.

من الرؤية إلى التنفيذ الرقمي

كل ما تم تناوله في هذا الفصل يتطلب تصور شمولي واضح لكيفية ترجمة الرؤية إلى واقع رقمي. لذا يوضح مخطط التدفق الوارد في شكل 9 المراحل الحاسمة التي ينبغي على مؤسسات القطاع العام اتباعها لتحويل الرؤية الرقمية إلى نجاح تشغيلي. ويعكس هذا المخطط فلسفة أن التحول الرقمي ليس مجرد عملية تقنية، بل هو مسار مؤسسي متكامل يبدأ من صياغة الرؤية وينتهي بتتبع الأداء والتحسين المستمر وفقاً للآتي:

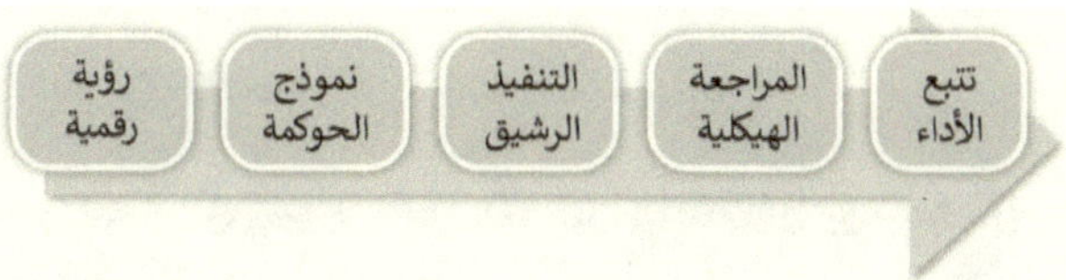

شكل 9 التدفق من الرؤية إلى التنفيذ الرقمي.

1. **الرؤية الرقمية Digital Vision** وتمثل نقطة الانطلاق لأي مشروع تحول رقمي. في هذه المرحلة يتم تحديد الغايات الاستراتيجية للمؤسسة، وصياغة رؤية واضحة لما يجب أن تبدو عليه الخدمات الرقمية مستقبلاً. تشمل هذه الخطوة تحديد الأهداف الكبرى، والجمهور المستهدف، والقيمة المضافة التي سيحققها التحول الرقمي. وضوح هذه الرؤية ضروري لضمان توافق جميع الأطراف المعنية حول اتجاه واحد.

2. **نموذج الحوكمة Governance Model** . بعد وضع الرؤية، تأتي ضرورة وضع **إطار** حوكمة فعال يحدد الأدوار والمسؤوليات، وآليات اتخاذ القرار، وخطوط المساءلة. هذا

النموذج يضمن الانسجام المؤسسي، ويمنع الازدواجية أو التضارب بين الإدارات. في السياق الرقمي، تعني الحوكمة أيضًا وضع ضوابط لإدارة البيانات، والأمن السيبراني، وتقييم المخاطر.

3. **التنفيذ الرشيق Agile Implementation** لترجمة الرؤية إلى إجراءات عملية باستخدام منهجيات رشيقة (Agile) تركز على التنفيذ المرحلي والتجريبي، مع اعتماد التغذية الراجعة المستمرة من المستخدمين والفرق التنفيذية. يتيح هذا النهج التعديل السريع عند ظهور تحديات أو فرص جديدة، ويعزز سرعة الإنجاز مقارنة بالنماذج التقليدية.

4. **المراجعة الهيكلية Structural Review** بهدف تقييم مدى ملاءمة الهيكل التنظيمي الحالي لدعم المبادرات الرقمية. وتشمل المراجعة تحديد الاختناقات، وإعادة توزيع المهام أو فرق العمل، وضمان أن البنية المؤسسية تتماشى مع متطلبات التحول الرقمي، سواء من حيث توزيع السلطات أو من حيث الأنظمة التقنية المستخدمة.

5. **تتبع الأداء Performance Tracking** وهي المرحلة النهائية بالتركيز على القياس المستمر لمدى التقدم نحو تحقيق الأهداف الرقمية، باستخدام مؤشرات أداء رئيسية (KPIs) مرتبطة مباشرة بالرؤية الأولية. تتيح هذه الخطوة تحديد نقاط القوة والبناء عليها، ورصد أوجه القصور لمعالجتها، وضمان التحسين المستمر.

إن اتباع هذا التسلسل المنهجي يضمن انتقال المؤسسة من مستوى التخطيط النظري إلى مستوى التنفيذ العملي الملموس من

خلال صياغة خدمات حكومية أكثر كفاءة واستجابة لاحتياجات المجتمع، مع الحفاظ على المرونة اللازمة لمواكبة التغيرات السريعة في البيئة الرقمية.

تطبيق هذا النموذج على السياق الإماراتي يكشف عن دلالات مهمة: فالتوافق بين الاستراتيجية والهيكل يتجاوز التصريحات السياسية، ويتطلّب تحديث البنية المؤسسية، وتبسيط الحوكمة، وتضمين الفكر الرقمي في تصميم الوزارات وعملياتها. فالتحول الرقمي لن يزدهر داخل هياكل بالية؛ إذ يتطلب مؤسساتٍ رشيقةَ الشكل، جريئةَ التصميم، موحَّدةَ الغرض. يجب على القادة إدراك أنّ الهيكل ليس مجرد أداة إدارية، بل رافعة استراتيجية. فالمنظمات التي ستنجح في العصر الرقمي ليست تلك التي تملك أكثر التقنيات تقدمًا، بل تلك التي صُمِّمت هياكلها لتفعيل تلك التقنيات على نطاق واسع، بوضوح وتعاون وشجاعة.

إضفاء الطابع المؤسسي للتحول الرقمي

مع تطور التحول الرقمي إلى قوة محركة رئيسية في ابتكار القطاع العام، أصبح من الضروري إضفاء الطابع المؤسسي على التحول الرقمي من خلال سياسات وطنية تتجاوز الرؤى العامة، بحيث تحدد أهدافًا واضحة، وتخصّص تمويلاً مخصصًا، وتضع آليات للمساءلة تتجاوز الدورات السياسية كما هو موضح في جدول 7. في الإمارات، سيعتمد استمرار نجاح المبادرات الرقمية **أولاً**، على دمج الأولويات الرقمية في الموازنات العامة، واستقطاب الكفاءات، وتعزيز الرقابة التشريعية.

ثانيًا، يجب على الحكومات تبني نهج شامل على مستوى الدولة يعزز التعاون بين الوزارات، وتبادل البيانات، وقابلية التشغيل البيني للأنظمة. فالتجزئة المؤسسية لا تزال تحديًا عالميًا. من خلال

اعتماد منصات رقمية مشتركة ومعايير موحدة، يمكن للمؤسسات العامة تقديم خدمات سلسة تتماشى مع احتياجات المواطنين المعقّدة.

جدول 7 أدوات السياسات ومخرجاتها الاستراتيجية

أداة السياسة	المخرجات الاستراتيجية
القوانين والميزانيات الوطنية الرقمية	استمرارية والتزام طويل الأمد
بنية تحتية رقمية مشتركة بين الجهات	قابلية التشغيل البيني وتوحيد الخدمات
الحوكمة الاستباقية (مثل البيئات التجريبية)	ابتكار استباقي وإدارة المخاطر
سياسات الشمول والكفاءة الرقمية	وصول عادل وثقة المواطنين
حوافز الاستثمار	مشاركة القطاع الخاص ونمو المنظومة الابتكارية

ثالثاً، كما يتطلب مستقبل التحول الرقمي الاستثمار في الحوكمة الاستباقية، أي تهيئة المؤسسات للاستجابة للتقنيات الناشئة مثل تحليلات البيانات، والذكاء الاصطناعي، وتقنية البلوك تشين، والحوسبة الكمية، مع مراعاة الخصوصية، والأخلاقيات، والمساواة. ويشمل ذلك إنشاء بيئات اختبار تنظيمية، ووحدات استشراف مشتركة بين القطاعات، ومختبرات ابتكار عامة لتجربة السياسات وتطويرها وتكييفها في الوقت الفعلي.

رابعاً، ينبغي على المؤسسات العامة اعتبار الشمول الرقمي قيمة أساسية، عبر إتاحة الخدمات للمجموعات المهمشة، وتوفير

خيارات لغوية متعددة، وبرامج للكفاءة الرقمية تضمن وصولًا متكافئًا للجميع.

في دولة الإمارات، تعزز البيئة السياسية والاستثمارية القوية جدوى دمج تقنيات متقدمة مثل الذكاء الاصطناعي، والبلوك تشين، وتحليلات البيانات. فاستراتيجيات مثل الاستراتيجية الوطنية للذكاء الاصطناعي 2031، واستراتيجية الابتكار 2015، والمناطق التجريبية للتقنيات الناشئة، ومبادرات مثل استراتيجية دبي للبلوك تشين، تهيئ بيئة خصبة للتجريب والتبني واسع النطاق. وتشمل التطبيقات القطاعية من النقل الذكي إلى الأدوات القضائية المعتمدة على الذكاء الاصطناعي، ما يبرز الإمكانات التحويلية لهذه التقنيات في المستويين الاتحادي والمحلي.

ختاماً، فإن حوافز الاستثمار مثل الصناديق الحكومية، والإعفاءات الضريبية لمناطق الابتكار، ودعم حاضنات التكنولوجيا، يمكن أن تحفّز مشاركة القطاع الخاص والتعاون بين القطاعات. وفي الإمارات، تساهم

ما الذي يجعل الإطار السياساتي الرقمي فعالًا؟

ينبغي أن يتسم الإطار السياساتي الرقمي العملي بالخصائص التالية:

- **الوضوح:** تحديد الأهداف، والمؤشرات، وآليات التنفيذ
- **المرونة:** القدرة على التطوير وفق التقنيات الناشئة والتغذية الراجعة
- **الشمول:** مراعاة جميع الفئات الاجتماعية والمناطقية والاقتصادية
- **الإنفاذ:** وجود آليات لضمان الالتزام والمساءلة
- **المواءمة الاستراتيجية:** ضمان أن الابتكار الرقمي يدعم الأهداف الوطنية.

برامج مثل Hub71، ومؤسسة دبي للمستقبل، ودعم وزارة الاقتصاد للشركات الناشئة، في تعزيز منظومة ابتكارية مزدهرة. وتساعد هذه الآليات على ضمان أن تقنيات الذكاء الاصطناعي وWeb3 ليست تجارب معزولة، بل جزء من البنية المؤسسية للتحول الرقمي طويل الأمد في الدولة.

يُعد تطوير أطر سياساتية واضحة وقابلة للتكيّف وحوافز استثمارية جاذبة، عاملًا تمكينيًا رئيسيًا للتقنيات الناشئة، خاصة الذكاء الاصطناعي، والبلوك تشين، وتقنيات .Web3 يجب على الحكومات الانتقال من مرحلة التبني التجريبي إلى مرحلة التكامل المؤسسي المنظم عبر تحديد المعايير، والضوابط الأخلاقية، وآليات الرقابة التنظيمية. على سبيل المثال، يجب أن تتضمن سياسة الذكاء الاصطناعي ضمانات للشفافية والمساءلة، بينما يجب أن تراعي مبادرات البلوك تشين **سيادة البيانات** وقابلية التشغيل البيني.

تحقيق قيمة رقمية مؤثرة

تحتاج المؤسسات العامة إلى خطوات لتحويل القيم الأساسية للسياسات الرقمية إلى قيمة عامة ذات أثر ملموس في رفاه المجتمع وقابل للقياس. يُظهر شكل 10 إطاراً مفاهيمياً يوضح خطوات تحويل السياسات الرقمية إلى قيمة عامة ذات أثر ملموس ومقاسة في رفاه المجتمع من خلال أربعة طبقات مترابطة ومتسلسلة كالتالي:

الطبقة الأساسية – مبادئ السياسات

تمثل هذه المرحلة القيم الجوهرية التي توجه مبادرات التحول الرقمي. وتشمل مبادئ أساسية مثل الثقة، والعدالة، والأخلاقيات. الثقة تضمن أن يتمتع المواطنون وأصحاب المصلحة بالاطمئنان تجاه الأنظمة الرقمية. العدالة تكفل

إتاحة الوصول العادل إلى الموارد الرقمية لجميع الفئات. أما الأخلاقيات فتضمن أن السياسات والممارسات الرقمية تستند إلى النزاهة والمسؤولية الأخلاقية.

الطبقة الثانية – أدوات الحوكمة الرقمية

في هذه المرحلة، يتم تفعيل المبادئ الأساسية من خلال أدوات حوكمة عملية. وتشمل هذه الأدوات القوانين التي توفر الأساس القانوني للمبادرات الرقمية، والمعايير التي تضمن قابلية التشغيل البيني وجودة الخدمات، وحوافز الاستثمار التي تشجع الابتكار والمشاركة الفعّالة من الأطراف المعنية. هذه الأدوات تشكل البيئة التشريعية والمالية التي تدعم نجاح التحول الرقمي.

الطبقة الثالثة – الجاهزية المؤسسية

تركز هذه الطبقة على القدرات الداخلية للمؤسسات لتنفيذ المبادرات الرقمية والحفاظ عليها. وتشمل تطوير مهارات الكوادر البشرية، وبناء أنظمة وإجراءات فعّالة، وإنشاء هياكل قيادية قوية. الجاهزية المؤسسية تضمن أن المؤسسات ليست فقط مستعدة لاعتماد الحلول الرقمية، بل قادرة أيضاً على إدارتها بفعالية لتحقيق نجاح طويل المدى.

الطبقة العليا – مخرجات القيمة العامة

تمثل هذه المرحلة النتائج القابلة للقياس التي تتحقق من خلال المنظومة بأكملها. فعندما تتكامل المبادئ الأساسية مع أدوات الحوكمة والجاهزية المؤسسية، تتحقق مخرجات ذات قيمة عامة كبيرة. وتشمل هذه المخرجات خدمات شاملة تلبي

احتياجات جميع فئات المجتمع، وابتكاراً يدفع عجلة التطور والتنافسية، وكفاءة تشغيلية تحسن استخدام الموارد وتطور جودة تقديم الخدمات.

شكل 10 من مبادئ السياسات إلى القيمة العامة الرقمية

رؤى رئيسية من الفصل الخامس

- يُعدّ عدم التوافق بين الرؤية الرقمية والهيكل التنظيمي نقطة فشل شائعة.
- المرونة التنظيمية، والتعاون بين مختلف الوظائف، واللامركزية عوامل أساسية للنجاح الرقمي.
- وضوح الحوكمة، وتحديد من يملك الاستراتيجية الرقمية وينفّذها، لا يقلّ أهمية عن الاستراتيجية نفسها.
- ضرورة إضفاء الطابع المؤسسي على التحول الرقمي من خلال سياسات رقمية وطنية لها أهداف واضحة، وتخصّص تمويلاً مخصصًا، وآليات للمساءلة.
- تحتاج المؤسسات العامة إلى تحويل القيم الأساسية للسياسات الرقمية إلى قيمة عامة ذات أثر ملموس ومقاس في تحقيق رفاه المجتمع.

توصيات عملية للقادة

- إجراء تدقيق هيكلي لرصد أوجه عدم الاتساق مع الأهداف الرقمية ومعالجتها.
- تفكيك الحواجز عبر تشكيل فرقٍ أو لجان عمل متعددة الوظائف.
- تحديد أدوار ومسؤوليات واضحة للإشراف والابتكار الرقمي.
- تحديث نماذج الحوكمة بما يعكس الأولويات الرقمية ودورات اتخاذ القرار.
- الاهتمام بتكامل المبادئ الأساسية مع أدوات الحوكمة والجاهزية المؤسسية، لتحقيق مخرجات ذات قيمة كبيرة للمجتمع.

إجراءات للتنفيذ الفوري

- إنشاء فرق عمل متعددة الوظائف لمعالجة التحديات الرقمية المحددة على الفور.
- وضع مؤشرات أداء رقمية واضحة، وتعميمها بانتظام على جميع الإدارات.
- إطلاق مشروعات تجريبية رشيقة ومرنة لإظهار فوائد النماذج الهيكلية الجديدة بسرعة.
- وضع مؤشرات لقياس تحقق الطبقات الأربعة لتحقيق القيمة للمجتمع كغاية عليا للتحول الرقمي.

الفصل السادس

6- دروس مستفادة من دولة الإمارات

الملخص التنفيذي

يقدّم هذا الفصل رؤى تفصيلية مستخلصة من دراسات ميدانية أُجريت في مؤسسات القطاع العام في دولة الإمارات العربية المتحدة، مسلطًا الضوء على الدروس العملية المستفادة، وأهمية القيادة، ودور الكفاءة الرقمية، والاستراتيجيات الفعالة في التغلب على مقاومة التغيير.

بينما توفّر النماذج العالمية أطرًا قيّمة، فإن السياق المحلي هو ما يُحدِّد في نهاية المطاف نجاح أو فشل مبادرات التحول الرقمي. يوجّه هذا الفصل العدسة إلى الداخل، مقدّمًا نظرة على القطاع العام في دولة الإمارات العربية المتحدة، استنادًا إلى بحوث ميدانية أصيلة. ومن خلال استطلاعات للرأي، ومقابلات، وتحليل وثائق، يستعرض الفصل التعقيدات الواقعية، والعوامل المُمكّنة، والمعوقات التي تواجه الجهات الحكومية أثناء خوضها تجربة التحول الرقمي.

شمل البحث أكثر من 225 مشاركًا من وزارات وهيئات وإدارات مختلفة في دولة الإمارات على المستوى الاتحادي والمحلي. وقد قدّم

المشاركون رؤى حول جاهزية مؤسساتهم الرقمية، ودعم القيادة، وكفاءات الموظفين، وتجاربهم مع مقاومة التغيير. وأظهرت البيانات عدة أنماط متكررة، منها:

1. **رؤية استراتيجية واضحة، لكن تنفيذ غير متسق:** رغم أن معظم المؤسسات المشمولة بالدراسة تمتلك استراتيجيات رقمية موثقة وواضحة، فإن ترجمة هذه الاستراتيجيات إلى برامج تنفيذية فعالة كانت متفاوتة إلى حد كبير. فبعض الجهات أظهرت التزامًا قويًا ومبادرات ملموسة لتحقيق الرؤية، بينما اكتفت جهات أخرى بمجرد التصريح بالخطط دون تفعيل حقيقي لها. ويرتبط هذا التفاوت بعوامل متعددة، مثل توفر الموارد، ووضوح آليات المتابعة والتقييم، ودرجة استقلالية الإدارة التنفيذية. هذا النمط يشير إلى الفجوة القائمة بين التخطيط والتنفيذ، وهي فجوة تؤدي إلى تباين في مستوى نضج التحول الرقمي بين الجهات الحكومية المختلفة.

2. **كفاءة رقمية غير متوازنة بين المؤسسات:** أظهرت نتائج البحث وجود تباين واضح في مستوى الاستثمار في بناء الكفاءات الرقمية بين المؤسسات. ففي حين قامت بعض الجهات بتنظيم برامج تدريب مستمرة وتطوير مهني متخصص لتعزيز المهارات الرقمية، لا تزال مؤسسات أخرى تعتمد على أساليب تقليدية ولا تستثمر بما يكفي في رفع الجاهزية التقنية لموظفيها.

ويؤكد مفهوم *الكفاءة التقنية* (IT Competence) في هذا السياق على أن الكفاءة الرقمية لا تقتصر على المهارات الفردية، بل تشمل قدرة المؤسسة على اقتناء التكنولوجيا المناسبة، وتوظيفها بالشكل الأمثل، ودمجها عبر وحدات العمل، وتحديث بنيتها التحتية بشكل دوري. بمعنى أكثر وضوحاً، تتضمن الكفاءة التقنية ثلاثة أبعاد رئيسية هي:

- قدرة البنية التحتية التقنية: كفاءة الأنظمة، الشبكات، وتكامل قواعد البيانات.
- القدرة الممتدة عبر المؤسسة: مدى قدرة التكنولوجيا على دعم التكامل بين الإدارات المختلفة.
- الموقف الاستباقي تجاه التقنية: قدرة المؤسسة على الاستجابة للتغيرات الرقمية وقيادتها بدلًا من انتظارها.

عند غياب أحد هذه الأبعاد أو ضعفها، تصبح عمليات التحول الرقمي عرضة للتأخير والتعثر، حتى وإن توفرت المهارات التقنية لدى الأفراد. وقد أكّد هذا المعنى أحد المتخصصين في تكنولوجيا المعلومات في جهة اتحادية قائلاً:

"مبادرات التحول الرقمي المتقدمة تُجبر إدارات تقنية المعلومات على تحديث بنيتها التحتية وخبراتها البشرية لتلبية متطلبات الوحدات التشغيلية المتغيرة."

ويشمل هذا المفهوم الشامل على قدرة البنية التحتية التقنية (مثل الأنظمة والشبكات)، القدرة الممتدة عبر المؤسسة (مثل تكامل الإدارات المختلفة)، والموقف التقني الاستباقي (الاستعداد للقيادة والتكيّف مع التغيير). وعندما تكون هذه العناصر ضعيفة أو غير متناسقة، قد يجد حتى الموظفون المدرَّبون صعوبة في تنفيذ التحول بفعالية.

3. **القيادة تصنع الفارق:** أبرزت الدراسة بوضوح أن القيادة المؤسسية الفعّالة تُعد عاملاً حاسمًا في نجاح مبادرات التحول. المؤسسات التي قادها مديرون تنفيذيون منخرطون ومبادرون حققت نتائج أعلى في التنفيذ، ليس فقط لأنهم وفروا الموارد، بل لأنهم لعبوا دورًا مباشرًا في تحفيز الموظفين، وكسر الجمود، وإزالة المعوقات.

تُشير الشهادات التي تم جمعها إلى أن التواصل المباشر بين القيادات والموظفين عزز من شعور الموظفين بالثقة والانتماء، وساهم في تقليل التردد والارتباك الذي يصاحب مراحل التغيير. القيادة النشطة أرسلت إشارات واضحة بأن التحول الرقمي ليس مشروعًا تقنيًا منعزلًا، بل التزامًا مؤسسيًا شاملًا. وقد علّق مسؤول كبير في تقنية المعلومات بإحدى الهيئات الاتحادية قائلاً:

"لم يبدأ التغيير الحقيقي إلا عندما بدأ المدراء يتنقلون بين المكاتب ويتفاعلون معنا مباشرة. ذلك غيّر كل شيء".

4. **المقاومة الصامتة:** واجهت معظم المؤسسات نمطًا من المقاومة لا يتمثل في الاعتراض العلني، بل في المقاومة الصامتة وغير المباشرة. فقد أظهر الموظفون ترددًا في التفاعل مع المبادرات الرقمية، سواء من خلال عدم حضور الدورات التدريبية، أو التجاهل المتعمد للإرشادات الرقمية.

وترتبط هذه الظاهرة بعوامل نفسية ومؤسسية، منها:

- الخوف من فقدان الوظيفة أو تهميش الأدوار التقليدية.
- ضعف الفهم للتقنيات الجديدة وعدم وضوح الغاية من التحول.
- تحفظ إدارات الموارد البشرية والإدارات الوسطى تجاه التغيير.
- غياب الحوافز الواضحة للمشاركة الفعالة.

هذا النمط من المقاومة يُعد من أكثر التحديات صعوبة لأنه لا يُرصد بسهولة ولا يُواجه بمواقف صريحة، بل يتطلب مقاربة حساسة تتضمن بناء الثقة، وتعزيز الشفافية، وخلق حوار داخلي يشرح الرؤية ويشرك الموظفين في صنع التغيير. وقد وصفت إحدى القيادات المشرفة على التحول في وزارة اتحادية هذه الظاهرة بقولها:

"المقاومة لم تكن صاخبة، بل صامتة. لم يكن الناس يحضرون التدريبات، أو كانوا يومؤون برؤوسهم ثم يتجاهلون كل شيء لاحقًا"

تعكس هذه الأنماط المتكررة واقعًا مركّبًا ومتشعّبًا للتحول الرقمي في القطاع العام الإماراتي. فنجاح هذا التحول لا يتوقف على تبنّي التقنيات الحديثة فقط، بل يعتمد على إعادة تشكيل البيئة المؤسسية، وتمكين القيادات، وبناء القدرات، وتفكيك ممانعات التغيير الكامنة في الثقافة التنظيمية.

مؤشرات المقاومة الصامتة

يمكن للمقاومة الصامتة أن تقوّض حتى المبادرات التحولية التي تحظى بتمويل جيد. ومن أبرز علاماتها الشائعة:

- انخفاض معدلات المشاركة في الدورات التدريبية.
- الموافقة الشكلية دون تطبيق فعلي.
- غياب الملاحظات أو الاقتراحات في المنتديات المفتوحة.
- استخدام أعذار تقنية لتأجيل التنفيذ.
- إحالة المسؤوليات إلى أطراف أخرى بعيدًا عن الجهات المالكة الفعلية للمبادرة.

حالات مؤسسية رقمية

تُظهر الأمثلة المستقاة من جهات حكومية اتحادية ومحلية في دولة الإمارات العربية المتحدة التحديات والنجاحات الفعلية المرتبطة بالتحول الرقمي. ففي إحدى الحالات، أطلقت مؤسسة اتحادية معنية بالخدمات العامة منصة إلكترونية طموحة. ورغم توفر التمويل الكافي والدعم الاستراتيجي الواضح، إلا أن معدل التبني كان ضعيفًا. فقد كان الموظفون غير معتادين على الأدوات الرقمية الجديدة، بينما قابلت

الإدارة الوسطى المشروع بالتشكيك، واستمر المستخدمون في الاعتماد على الإجراءات اليدوية. ولم تبدأ الأمور بالتحسن إلا بعد أن بادرت القيادة بتنظيم تدريبات عملية، وتعديل مؤشرات الأداء، وعقد ورش عمل مشتركة بين الإدارات.

وفي المقابل، نفذت بلدية محلية خطة تحول رقمي تدريجية ركّزت على تحقيق مكاسب صغيرة، وتبنّت مبدأ التقييم المرحلي ومشاركة الموظفين. ومن خلال مواءمة الاستراتيجية مع القدرات الداخلية وتعيين "روّاد رقميين"، تمكنت البلدية من تحقيق تحسينات ملموسة في تقديم الخدمات، ورضا الموظفين، وتبنّي المستخدمين.

وقد عكست المبادرات على المستوى الوطني أنماطًا مماثلة. فقد أطلقت وزارة الموارد البشرية والتوطين إطارًا وطنيًا للكفاءة الرقمية، يهدف إلى تقييم وتعزيز مهارات القطاع العام في مختلف الإدارات. كما أن برنامج الهوية الرقمية الموحدة "UAE PASS" ، وبفضل القيادة المنسقة، شكّل أول منصة وطنية متكاملة للهوية الرقمية، وعلّق أحد المشاركين قائلاً: *"لأول مرة نشهد توافقًا حقيقيًا على خدمة رقمية."*

وفي إمارة الشارقة، مثّلت منصة "الشارقة الرقمية" قناة موحدة لأكثر من 60 خدمة رقمية، ما أبرز أهمية التكامل في تقديم الخدمات. وقد أشار مديرو المشاريع إلى أن تعليقات المواطنين في الوقت الفعلي ساهمت في تحسين الخدمات وتغيير العقليات المؤسسية على حد سواء.

فروقات بين التعثر والنجاح الرقمي

تُبرز تلك الحالات حقيقة أساسية، مفادها أن التكنولوجيا وحدها لا تُحدث التحول في المؤسسات؛ بل الأشخاص هم من يفعلون ذلك. فنجاح التحول الرقمي لا يتوقف على توفر الأنظمة الحديثة أو المنصات

الرقمية المتطورة، بل يعتمد بشكل كبير على جاهزية المؤسسة وفقاً للعوامل التي يعكسها جدول 8 للفروقات الجوهرية بين المؤسسات التي نجحت في تنفيذ جهود التحول الرقمي وتلك التي لا تزال تكافح لتحقيقه، وهي كالتالي:

1. **مشاركة القيادة Leadership Engagement**

المؤسسات الناجحة تمتاز بقيادة عالية الحضور، مرئية، ومتسقة في دعمها لجهود التحول. في المقابل، تعاني المؤسسات المتعثرة من قيادة محدودة أو غائبة أو تفاعلية بشكل متأخر، ما يضعف التوجيه ويؤدي إلى تردد الموظفين.

2. **البنية التحتية الداعمة Infrastructure Support**

تعتمد الجهات الناجحة على أنظمة تقنية حديثة وقابلة للتكامل، ما يُسهل تدفق البيانات ويوفر بيئة داعمة للتطور الرقمي. أما الجهات المتعثرة، فتُعاني من أنظمة قديمة ومعزولة تعرقل التكامل وتعزز العزلة المؤسسية.

3. **كفاءة الموظفين Staff Competency**

في المؤسسات الناجحة، يتم تدريب الموظفين باستمرار ويُزوَّدون بالأدوات الرقمية التي تمكّنهم من أداء مهامهم بفعالية. بينما تواجه الجهات المتعثرة فجوة في المهارات واعتمادًا على ممارسات تقليدية لم تعد تواكب المتطلبات الرقمية.

4. **الاستجابة للتغيير Change Response**

تعتمد المؤسسات المتقدمة على استجابة مرنة، وشفافة، وتستند إلى التغذية الراجعة المستمرة، مما يعزز التفاعل

الإيجابي مع التغيير. على النقيض، تتسم استجابة المؤسسات المتعثرة بالسلبية، والمقاومة الصامتة، والشكوك الخفية التي تعيق التقدم.

جدول 8 فروقات التحول الرقمي الناجح مقابل المتعثر

العامل	جهات ناجحة	جهات متعثرة
القيادة	عالية الحضور، مرئية، ومتسقة	محدودة، تفاعلية، أو غائبة
الدعم البنيوي	أنظمة حديثة وقابلة للتكامل	بنية تحتية قديمة ومعزولة
كفاءة الموظفين	تدريب مستمر وتمكين رقمي	عدم تطابق المهارات وممارسات قديمة
الاستجابة للتغيير	مرنة، شفافة، قائمة على التغذية الراجعة	مقاومة سلبية وشكوك خفية
إشراك المستخدمين	مشاركة فعّالة وتشاركية في تصميم الخدمات	مشاركة ضعيفة أو رمزية

5. إشراك المستخدمين User Involvement

تشجّع المؤسسات الناجحة على مشاركة فعلية من المستخدمين في تصميم الخدمات الرقمية، مما يعزز التبني والرضا. أما المؤسسات المتعثرة، فتعاني من ضعف مشاركة المستخدمين أو الاكتفاء بمشاركة رمزية لا تؤثر فعليًا في تصميم أو تحسين الخدمات.

تُبيّن المقارنة الواردة في الجدول السابق الفروقات الجوهرية بين المؤسسات الناجحة في التحول الرقمي وتلك التي تواجه صعوبات، مما يساعد القيادات على تشخيص التجربة الرقمية بشكل أفضل. فمن خلال تتبع مواطن الخلل ومعالجتها، أو التركيز على نقاط القوة

وتعزيزها، يمكن إعادة إنتاج التجارب الناجحة ونقلها إلى مؤسسات أخرى على شكل أفضل الممارسات الرقمية.

دورة حياة التحول الرقمي

إلا أن التحول الرقمي المستدام لا يسير بخط مستقيم يبدأ من نقطة محددة وينتهي عند أخرى، بل يتبع دورة مؤسسية متكاملة من العناصر المترابطة التي يعزز كل منها الآخر، كما هو موضح في شكل 11.

حيث يعرض الشكل دورة مكونة من خمس مراحل مترابطة، تُعدّ بمثابة الإطار التشغيلي لبناء قدرة مؤسسية فعالة في التحول الرقمي:

1. الالتزام القيادي Leadership Commitment

تبدأ الدورة بالتزام واضح من القيادة العليا، ليس فقط من خلال التصريحات، بل عبر تخصيص الموارد، وتبنّي الرؤية الرقمية، وتوجيه الجهود التنفيذية.

2. تحديث البنية التحتية Infrastructure Modernization

يتبع هذا الالتزام تطوير البنية التحتية التقنية، مثل الأنظمة والمنصات الرقمية، لضمان وجود أساس تكنولوجي متين وقابل للتكامل والتوسع.

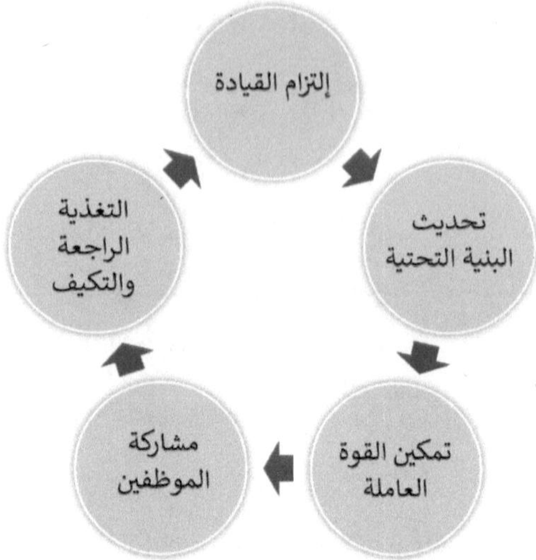

شكل 11 دورة القدرات المؤسسية للتحول الرقمي.

3. تمكين القوى العاملة Workforce Enablement

مع توفر البنية التحتية، يصبح تمكين الموظفين أمرًا أساسيًا من خلال التدريب المستمر، وتوفير الأدوات الرقمية، وبناء مهارات جديدة تتماشى مع التحول.

4. مشاركة الموظفين Employee Engagement

يعزز تمكين القوى العاملة مستوى التفاعل والمشاركة بين الموظفين، مما يحفز الابتكار، ويقلل من مقاومة التغيير، ويضمن التزامًا فعّالًا بالتحول.

5. التغذية الراجعة والتكيّف Feedback and Adaptation

تُختتم الدورة بمرحلة التقييم والتعلم، حيث يتم جمع ملاحظات من الموظفين والمستخدمين، واستخدامها لتحسين الأداء، وتعديل الاستراتيجيات أو العمليات، مما يعيد تنشيط الدورة من جديد.

التحول الرقمي المستدام هو رحلة دائرية مستمرة وليست مشروعًا مؤقتًا. إذ إن المؤسسات الناجحة هي تلك التي تدير هذه الدورة بشكل تكراري، وتتعامل مع كل عنصر كجزء من منظومة ديناميكية تُسهم في استدامة التقدم الرقمي وبناء ثقافة مؤسسية مرنة ومتعلمة.

وتعكس هذه الدورة مسار التحول الرقمي في دولة الإمارات نفسها، حيث لم يتحقق التقدم إلا عندما تم تفعيل جميع مكونات النظام المؤسسي بشكل متناغم ومتزامن. فبيئة السياسات في الإمارات تُعدّ أرضًا خصبة للابتكار، إلا أن المؤسسات بحاجة إلى تهيئة التربة الداخلية لكي تنمو البذور الرقمية وتُؤتي ثمارها.

رؤى رئيسية من الفصل السادس

- التحول الحقيقي لا يتحقق إلا من خلال ترجمة الاستراتيجية الوطنية إلى سلوك تنظيمي فعلي داخل المؤسسات.
- ظهور القيادة، وبناء القدرات، والتخطيط التشاركي هي عناصر أساسية لنجاح التحول الرقمي.
- النجاحات غالبًا ما تنبع من تجارب محلية وتجريب مرن قائم على التعلم المستمر.
- مقاومة التغيير تُواجه بشكل أفضل من خلال بناء الثقة والتصميم المشترك مع الموظفين والمستخدمين.

توصيات عملية للقادة

- استخدام البيانات لتتبع التقدم في جهود التحول وتعديل الاستراتيجيات حسب الحاجة.
- تمكين "روّاد التغيير" الداخليين لقيادة التحول وضمان استدامته من داخل المؤسسة.

- إعطاء الأولوية لتغيير الثقافة المؤسسية إلى جانب تنفيذ التكنولوجيا.
- تهيئة بيئة آمنة للتغذية الراجعة، والتعلم، والتحسين التكراري المستمر.

إجراءات للتنفيذ الفوري

- إنشاء آليات بسيطة لمتابعة تقدم التحول، مثل الاستبيانات أو لوحات البيانات.
- تحديد وتمكين القيادات الرقمية داخل المؤسسة بسرعة.
- جدولة جلسات دورية بعنوان "نتعلم من تجربتنا" لتبادل أفضل الممارسات وتكييفها.

الفصل السابع

7- تأملات عالمية

رؤى مقارنة ودروس قابلة للنقل

الملخص التنفيذي

يقدّم هذا الفصل رؤى مقارنة مستخلصة من دراسات حالة دولية حول التحول الرقمي في القطاع العام. ويستعرض كيف تمكنت دول مختلفة من توسيع نطاق مبادرات رقمية صغيرة لتصبح مشاريع وطنية ناجحة، مع إبراز أوجه التشابه مع جهود دولة الإمارات العربية المتحدة. ويختتم الفصل بنقاش حول تجربة التعلّم المتبادل بين دولة الإمارات ونظرائها على المستوى العالمي.

في مختلف أنحاء العالم، نجحت مبادرات التحول الرقمي صغيرة النطاق في التوسع لتصبح إصلاحات على مستوى القطاعات أو الدول، ما يقدم دروسًا عملية يمكن أن تستفيد منها دولة الإمارات وصنّاع السياسات في المنطقة.

ففي **إستونيا**، مهدت مبادرات الخدمات المصرفية الرقمية في التسعينيات الطريق لتطوير واحد من أكثر أنظمة الحكومة الإلكترونية

تقدمًا في العالم،[22] حيث تُقدَّم الخدمات الآن عبر الإنترنت بشكل مترابط وآمن، مدعومة بمنصة *X-Road* ونظام هوية رقمية موثوق.

أما في الهند، فقد بدأ مشروع *Nemmadi* كتجربة أولية لتقديم خدمات إلكترونية في المناطق الريفية من ولاية كارناتاكا، ثم توسع ليشمل شبكة تضم 800 مركز خدمات على مستوى الولاية.[23] وقد تحقق هذا النجاح بفضل الشراكات المبكرة بين القطاعين العام والخاص، والتركيز على احتياجات المواطنين، واعتماد نموذج تدريجي في التوسّع.

وفي أوكرانيا، بدأ تطبيق *Diia* كتطبيق للهواتف المحمولة لحفظ المستندات الحكومية.[24] ومن خلال التطوير المرحلي والتفاعل المستمر مع المواطنين، أصبح اليوم منصة تقدم أكثر من 120 خدمة رقمية لملايين المستخدمين، مما يبرهن على إمكانية التوسع السريع عند وجود رؤية واضحة وتقنية قابلة للتكيّف.

أما في كينيا، فقد غيّر نظام *MajiVoice* لإدارة الشكاوى طريقة تعامل المواطنين مع خدمات المياه.[25] فقد ارتفع عدد الشكاوى الشهرية من 400 إلى أكثر من 4,000 بمعدل حلّ بلغ 94%، مما يُظهر كيف يمكن للمقاربات القائمة على البيانات أن تُحدث فرقًا جذريًا في الاستجابة للخدمات العامة.

---

[22] Remy, S., & Barde, A. (2024). The Art of Digitalization: A Dive into e-Estonia.

[23] Aundhe, M., & Narasimhan, R. (2012). Project Nemmadi: the bytes and bites of ICT adoption and implementation in India.

[24] Kolesnikova, K. (2024). Digitization of public services in Ukraine: Successes and challenges in the implementation of state reforms.

[25] Belcher, M., Lopes, C. A., Sjoberg, F. M., & Mellon, J. (2016). *MajiVoice Kenya—Better complaint management at public utilities.*

وفي المملكة المتحدة، بدأ تطبيق *FixMyStreet* كأداة بسيطة للإبلاغ عن مشكلات البنية التحتية المحلية،[26] إلا أن تبنّيه من قِبل عدة مجالس محلية أثبت قدرة التكنولوجيا المدنية على سد الفجوة بين المواطن والحكومة، عندما تكون مدعومة بالمعايير المفتوحة والشفافية.

تشترك هذه الحالات العالمية في عدة عوامل للنجاح:

1. البدء بمبادرات صغيرة ذات أهداف واضحة.
2. بناء الثقة العامة ومشاركة المستخدمين من البداية.
3. التوسع عبر منصات مرنة ومقسّمة.
4. دمج آليات التغذية الراجعة والتطوير المستمر.

مبادرات إماراتية على ذات النهج

وبالنسبة لمؤسسات دولة الإمارات، فإن هذه الأمثلة تُبرز أهمية البدء بمشاريع تجريبية مرتبطة باحتياجات المستخدمين، ومدعومة بقيادة فاعلة، ومصممة للتوسّع منذ البداية.

إلى جانب هذه الرؤى الدولية، هناك مبادرات ناجحة من داخل دولة الإمارات بدأت كمشاريع تجريبية وتطوّرت لتصبح حلولًا مؤسسية شاملة. فعلى سبيل المثال، قام مركز محمد بن راشد للابتكار الحكومي بإطلاق برنامج *Moonshot Pilot Grant* لدعم الابتكارات الصغيرة ذات الأثر الوطني الكبير.[27] كما أطلقت الهيئة الاتحادية للموارد البشرية

[26] Jopang, J., Aryatama, S., Muazzinah, M., Qamal, Q., & Ansar, A. (2024). Exploring the Relationship Between E-Government, Transparency, and Citizen Trust in Government Services.

[27] Hana, M. (2017). Innovation in the UAE: From First Foundations to 'Beyond Oil.

الحكومية (*FAHR*) منصات رقمية مثل *بياناتي والمورد*[28]، والتي أصبحت اليوم أدوات محورية في إدارة الموارد البشرية على المستوى الاتحادي. كذلك قدّمت كليات التقنية العليا من خلال *خطة HCT 4.0* نماذج تعليمية مرنة أعادت تعريف التعليم المهني العام[29].

وفي السياق ذاته، مثّلت مبادرات "الأثر الرقمي" التي أطلقتها الشارقة للحكومة الرقمية (2022–2024) نموذجًا قويًا على كيفية الجمع بين قابلية التوسّع واستدامة التحول الرقمي.[30] فقد أسهمت في توفير أكثر من 250 مليون درهم، وتخفيض 1.2 مليون ساعة عمل، وتقليل 15,000 طن من انبعاثات الكربون، مما يبرز أهمية التصميم المعتمد على البيانات وحوكمة الخدمات الرقمية في تحقيق أثر بعيد المدى. تشير هذه الجهود إلى أن دولة الإمارات لا تكتفي بتعلّم الدروس من النماذج العالمية، بل تطوّر حلولًا رقمية قابلة للتوسّع، ومصممة بما يتناسب مع السياق المحلي.

ولتوضيح مدى التوافق بين الممارسات الدولية والتجارب الإماراتية، يلخّص جدول 9 العوامل المشتركة التي تمكّن التحول الرقمي في السياقين معًا. ومن خلال هذه الأنماط المقارنة، يمكننا استخلاص فرص التعلم المتبادلة: ما الذي تستطيع دولة الإمارات العربية المتحدة تبنيه وما الذي تستطيع تصديره؟

---

[28] Gunawan, B., Ratmono, B. M., Kurniasih, D., & Setyoko, P. I. (2023). Human Resources and Technology Integration in Effective Public Management.

[29] Higher Colleges of Technology, The Strategy & Future Department. (2021). *HCT success story: Strategy & future: The future foresight*.

[30] Al-Nahar Newspaper. (2025, February 6). *Digital transformation in Sharjah*. Technology Section.

جدول 9 عوامل نجاح التحول - الدولية مقابل الإماراتية

عامل النجاح	أمثلة دولية	أمثلة من الإمارات
البدء بمشاريع صغيرة	مشروع *Nemmadi* في الهند، تطبيق *FixMyStreet* في المملكة المتحدة	برنامج *Moonshot Pilot Grant* من مركز محمد بن راشد للابتكار الحكومي
القيادة والدعم المؤسسي	منصة *Diia* في أوكرانيا بدعم حكومي واضح	*UAE PASS* بدعم من قيادة رقمية منسقة على المستوى الوطني
الشراكات والتعاون	شراكات القطاعين العام والخاص في *Nemmadi* و*MajiVoice*	تعاون الجهات الحكومية مع شركاء الابتكار والموردين التقنيين في مبادرات متعددة
التركيز على احتياجات المستخدم	نظام *MajiVoice* لتحسين تجربة المستخدم في خدمات المياه	تطوير منصة *الشارقة الرقمية* استنادًا إلى ملاحظات المواطنين
التوسع المرحلي والمنصات المرنة	*Diia*،*FixMyStreet* ، و*X-Road*في إستونيا كنماذج منصات قابلة للتوسّع	*بياناتي*، *المورد*، وخطة *HCT 4.0* كنماذج قابلة للتوسع المؤسسي
الاستفادة من البيانات والتغذية الراجعة	تحسين الخدمات استنادًا إلى البيانات في *MajiVoice* و*FixMyStreet*	مبادرات "الأثر الرقمي" في الشارقة لتوفير التكاليف وتقليل الانبعاثات وتعزيز الكفاءة

التعلّم من الخبرات المتبادلة

استنادًا إلى الأنماط المقارنة المستخلصة من التجارب الدولية، يمكن لدولة الإمارات العربية المتحدة أن تستفيد من فرص متعددة للتعلّم المتبادل، سواء من خلال تبنّي ممارسات ناجحة طبّقتها دول أخرى، أو من خلال تصدير خبراتها ونماذجها الرائدة إلى الدول الساعية لتسريع وتيرة التحول الرقمي. وفيما يلي عرض لما يمكن للإمارات تبنّيه أو تصديره:

أولًا: ما يمكن لدولة الإمارات تبنّيه من التجارب الدولية

1. نموذج التوسع التكراري Iterative Scaling Model

أظهرت تجارب مثل *Diia* في أوكرانيا و *Nemmadi* في الهند أن البدء بمشاريع رقمية صغيرة ومحددة الأهداف، ثم التوسع بشكل تدريجي، يساهم في تقليل المخاطر، ويسمح باختبار الحلول وتطويرها بناءً على الممارسة الفعلية وردود الفعل المباشرة. يُمكّن هذا النموذج المؤسسات من التعلّم والتكيف في كل مرحلة، ويُسهل عملية بناء الثقة لدى المستخدمين. يمكن للإمارات أن تستفيد من هذا النهج لتطبيق مبادرات جديدة في قطاعات لم تصل إليها رقمنة متقدمة بعد، خصوصًا في المجالات الاجتماعية أو البيئية.

2. آليات التغذية الراجعة المستمرة Continuous Feedback Loops

أثبتت مبادرات مثل *MajiVoice* في كينيا و*FixMyStreet* في المملكة المتحدة فعالية دمج التغذية الراجعة في عملية تصميم الخدمات من خلال بناء آليات واضحة ومستدامة لجمع وتحليل آراء المستخدمين. هذه الآليات لا تُستخدم فقط في قياس الرضا، بل في إعادة تصميم الخدمات وتحسينها بشكل مستمر. وعلى الرغم من وجود جهود مشابهة في الإمارات، إلا أن تعميم هذه الثقافة على مستوى جميع المؤسسات، وربطها بصنع القرار التنفيذي، سيعزز من مرونة وجودة الخدمات الرقمية المقدّمة.

3. تعزيز المشاركة المجتمعية وبناء الثقة

تُظهر التجارب الدولية مثل *FixMyStreet* في المملكة المتحدة أن إشراك المواطنين في مراحل مبكرة من تطوير الخدمات الرقمية – من خلال التشاور، والاختبار المشترك، وتوضيح السياسات المتعلقة بالخصوصية وحماية البيانات – يساهم بشكل كبير في بناء الثقة وتسريع تبني الحلول الرقمية. في سياق الإمارات، يمكن العمل على تعزيز قنوات الشفافية والتواصل مع المستخدمين النهائيين، خاصة عند إطلاق مبادرات رقمية جديدة، لضمان قبول أوسع وتفاعل أعمق.

4. **تبنّي المعايير المفتوحة ومنصات قابلة للتشغيل البيني Interoperability**

تجربة إستونيا الرائدة، القائمة على منصة *X-Road*، تؤكد أهمية بناء بنية تحتية تقنية تعتمد على معايير مفتوحة تسمح بالتكامل السلس بين مختلف الجهات الحكومية. يمكن للإمارات، التي حققت بالفعل خطوات متقدمة في هذا الاتجاه، أن تعزز من قابلية التشغيل البيني بشكل أوسع، ليس فقط بين الجهات الاتحادية والمحلية، بل أيضًا مع القطاع الخاص والجهات الإقليمية والدولية، مما يُهيئ الأرضية للتحول نحو حكومة مترابطة بالكامل.

ثانيًا: ما يمكن لدولة الإمارات تصديره إلى دول أخرى

1. **نموذج الهوية الرقمية الموحدة وحوكمة البيانات**

يمثّل *UAE PASS* أحد أكثر النماذج تقدمًا في بناء هوية رقمية موثوقة وشاملة على المستوى الوطني. هذا النموذج لا يتيح فقط الوصول الموحد إلى الخدمات الحكومية، بل يعكس أيضًا درجة عالية من التكامل بين الجهات ومراعاة متطلبات الأمان

والخصوصية. ويمكن للدول الراغبة في بناء نظم هوية رقمية مماثلة أن تستفيد من تجربة الإمارات في الجوانب التقنية والتنظيمية والتشريعية.

2. **التحول المؤسسي المنضبط في الموارد البشرية الحكومية**

المنصات مثل *بياناتي والمورد* أظهرت كيف يمكن للتحول الرقمي أن يُدمج في صميم العمل المؤسسي اليومي، لا كمشروع تقني منفصل، بل كجزء من آليات التشغيل والإدارة. هذا النموذج يمكن تصديره كمرجع للبلدان التي تسعى إلى رقمنة إدارة الموارد البشرية وتطوير الكفاءات الحكومية بطريقة ممنهجة ومستدامة.

3. **الربط الذكي بين التحول الرقمي والاستدامة**

مبادرات مثل "الأثر الرقمي" في حكومة الشارقة تمثل نموذجًا متقدمًا في كيفية توظيف التكنولوجيا لتحقيق أهداف بيئية واقتصادية في آنٍ واحد. فقد حققت هذه المبادرات وفورات مالية كبيرة، وخفضت ساعات العمل المهدورة، وقلّلت من البصمة الكربونية. هذا التكامل بين الرقمنة والاستدامة يُعدّ عنصرًا فريدًا يمكن نقله كنموذج إلى دول تبحث عن حلول رقمية ذات أثر تنموي شامل.

4. **دعم الابتكار الحكومي من خلال مسرّعات وحاضنات رسمية**

برنامج *Moonshot Pilot Grant* التابع لمركز محمد بن راشد للابتكار الحكومي يُعدّ مثالًا حيًا على كيف يمكن للحكومات أن تتبنى أدوات مرنة وفعالة لاحتضان الأفكار الريادية وتحويلها إلى

مشاريع مؤثرة على المستوى الوطني. ويُعتبر هذا النموذج مرجعًا مهمًا للدول الراغبة في تسريع الابتكار داخل المؤسسات الحكومية دون الاعتماد الكامل على الهياكل البيروقراطية التقليدية.

إن تبنّي الإمارات للعناصر الناجحة في التجارب الدولية لا يُعد تقليدًا بقدر ما هو تعزيز للقدرة على التكيّف الذكي مع المتغيرات العالمية. وفي المقابل، فإن تصدير النماذج الإماراتية الناجحة يعكس نضج التجربة المحلية، ويُسهم في تشكيل ملامح جديدة للتحول الرقمي في المنطقة والعالم، أساسها التوازن بين التقدم التكنولوجي والملاءمة المؤسسية.

هل مشروعك التجريبي جاهز للتوسّع؟

قبل الانتقال إلى مرحلة التوسّع في أي مشروع تجريبي، ينبغي على القادة تقييم جاهزيته عبر مجموعة من الأبعاد الرئيسية:

- هل يلبي المشروع حاجة حقيقية تم التحقق منها لدى المستخدمين؟
- هل يمكن تفكيكه إلى وحدات أو تكييفه ليتلاءم مع سياقات أخرى؟
- هل يحظى بدعم قيادي يضمن التوسّع على المدى الطويل؟
- هل تم تحديد مقاييس النجاح بشكل واضح ويتم تتبعها باستمرار؟
- هل الأنظمة التقنية والتشغيلية جاهزة لدعم النمو؟

رؤى رئيسية من الفصل السابع

- يمكن أن يبدأ التحول الرقمي القابل للتوسّع من مبادرات صغيرة مستهدفة.
- تعتمد الجهود الناجحة على تصميم يركز على المستخدم، وحوكمة مرنة، وتطوير مستمر.

- يتماشى نهج الإمارات القائم على المشاريع التجريبية مع أفضل الممارسات العالمية ويعكس دعمًا قويًا من القيادة العليا.
- يتيح التعلم المتبادل للدول تكييف المبادئ مع سياقها بدلاً من نسخ النماذج بشكل مباشر.

توصيات عملية للقادة

- ابدأ بمشاريع تجريبية صغيرة وخطّط للتوسّع منذ المراحل الأولى.
- أنشئ آليات للتغذية الراجعة الفورية والتحسين التكراري.
- عزّز الحوار العابر للحدود للاستفادة من النجاحات الدولية.
- اعرض الابتكارات المحلية للمساهمة في الحوار العالمي حول التحول الرقمي.

إجراءات للتنفيذ الفوري

- حدّد مشروعًا تجريبيًا ناجحًا في مؤسستك وضع خريطة طريق لتوسيعه.
- نظّم جلسة لتبادل المعرفة مع نظراء دوليين أو مع السفارات.
- أنشئ لوحة بيانات مرئية تقارن مؤشرات الأداء الداخلية بمؤشرات عالمية مختارة.

الخاتمة

القيادة بوضوح الهدف، والكفاءة، والشجاعة

لقد استكشف هذا الكتاب التحول الرقمي ليس كمجرد مسعى تقني بحت، بل كرحلة مؤسسية وقيادية عميقة، خاصة في القطاع العام. وفي سياق دولة الإمارات، أظهر التغيير التحولي أن النجاح لا يُقاس باعتماد التكنولوجيا وحدها، بل بقدرة القادة على مواءمة الرؤية، والثقافة، والكفاءة لقيادة تأثير حقيقي ومستدام.

فالتحول الرقمي هو قبل كل شيء اختبار للقيادة. تتطلب العملية وضوح الهدف، والتفكير الاستراتيجي، والشجاعة لمواجهة الأنظمة والعقليات الموروثة. وخلال هذه الدراسة، أصبح واضحاً أن المؤسسات التي تستثمر في الكفاءة التقنية، والهياكل المرنة، والاستراتيجيات التي تركز على الإنسان، تكون أكثر قدرة على مقاومة التغيير، وأفضل استعداداً لاحتضان الابتكار.

وتؤكد الآثار النظرية لهذا البحث على مركزية إدارة التغيير، وتطوير المهارات، والحوكمة الرشيقة. فالموظفون المُمَكَّنون والمدعومون بالتدريب والتواصل والقيادة يمثلون محركات أساسية لنجاح التحول. وبالمثل، لا يمكن بلوغ النضج الرقمي من دون ممارسات بيانات قوية، وأمن سيبراني متين، وثقافة تعاونية.

ومن الناحية العملية، تدعو النتائج صانعي القرار إلى ترسيخ مبدأ التركيز على المستخدم والتحسين المستمر في استراتيجيات التحول الرقمي. كما يجب على المؤسسات العامة إعادة التفكير في عقودها، وتدفقات عملها، وبُناها التحتية، مع مراعاة التكيف والشمولية. وتُظهر جهود دولة الإمارات الرائدة أنه عندما تتناغم القيادة مع الرؤية الوطنية، يصبح التحول الرقمي أكثر من مجرد مشروع؛ بل يتحول إلى نهج ذهني مستدام.

في النهاية، التحول الرقمي ليس محطة وصول، بل هو انضباط مستمر يتطلب قيادة جريئة وإنسانية في الوقت نفسه، واستثماراً مستداماً في القدرات البشرية والتكنولوجية، والتزاماً ثابتاً بتحقيق القيمة العامة. وكما تشير تجربة دولة الإمارات، فإن الجاهزية المؤسسية، وليست القدرة التقنية وحدها، هي الأساس السليم لحوكمة مواكبة للمستقبل.

وهذه دعوة لقادة القطاع العام: قد بوضوح النية، واستثمر في البشر، وقلّل المقاومة من خلال الشمولية، واحتضن التحول ليس كمرحلة مؤقتة، بل كمسار مستمر للمضي قدماً. فالمستقبل الرقمي ملك لأولئك الذين يملكون الجاهزية المؤسسية إلى جانب الكفاءة التكنولوجية.

أهم الدروس المستفادة من الكتاب

- البشر، وليس المنصات، هم المحرك الحقيقي للتغيير الرقمي.
- النضج الرقمي ينبع من مواءمة القيادة والثقافة والقدرات، وليس من مجرد اقتناء التقنيات.
- أكثر جهود التحول فاعلية هي تلك التي تتسم بالسياقية، والقدرة على التكيف، والاستمرار من خلال التعلم.

- القيادة، والشجاعة، والابتكار في السياسات، عناصر أساسية لتحقيق القيمة العامة في عصر الذكاء الاصطناعي.
- المواءمة الهيكلية، وليس الطموح الاستراتيجي وحده، شرط أساسي لتحول قابل للتوسع.
- التكنولوجيا تُمكّن التغيير، لكن الأفراد والأنظمة هم من يحددون عمقه واستمراريته.

نداء أخير للقادة

- أعد النظر في رؤية مؤسستك ومواءمتها مع الحقائق الرقمية المستقبلية.
- ابنِ تحالفات عبر القطاعات والمستويات والمجتمعات.
- التزم بالتعلم، والتجريب، والتحسين خطوة بخطوة.
- طوّر مساراً طويل الأمد لقيادة رقمية داخل مؤسستك.

الملاحق

تُعد هذه الملاحق امتداداً فنياً تفصيلياً لأطروحة الدكتوراه في إدارة الأعمال (DBA) التي استند إليها هذا الإصدار. وهي توفر رؤى شاملة حول أدوات البحث، وإجراءات جمع البيانات، والأطر التحليلية التي استُخدمت على امتداد الدراسة، بالإضافة إلى عرض النتائج وتفسيرها. وتهدف هذه المواد الإضافية إلى إضفاء قدر أكبر من الشفافية على المنهجية المتبعة وتعزيز الصرامة الأكاديمية للبحث الأصلي، مما يدعم المناقشات والاستنتاجات الواردة في الفصول الرئيسة من الكتاب.

الملحق أ: هدف وأهداف البحث

بحثت هذه الدراسة في بعض العوامل الرئيسية المؤثرة على مشاريع التغيير التحولي في القطاع الحكومي بدولة الإمارات. وتتمثل الأهداف الرئيسية لهذا البحث فيما يلي:

1. استكشاف العوامل الداخلية التي تؤثر على نجاح مبادرات التحول الرقمي في سياق مشاريع التغيير التحولي في مؤسسات القطاع العام. (الفصل الرابع من الأطروحة)

2. دراسة دور التحول الرقمي في سياق مشاريع التغيير التحولي في القطاع العام على مستوى دولة الإمارات. (الفصلان الخامس والسادس من الأطروحة)

3. تقييم العلاقة المتبادلة بين التحول الرقمي، ومقاومة التغيير، والكفاءة التقنية في سياق مشاريع التغيير التحولي في القطاع العام على مستوى دولة الإمارات. (الفصلان الخامس والسادس من الأطروحة)

الملحق ب: معجم المصطلحات الأساسية

- **التغيير التحولي** *Transformational Change (TC):* يشير إلى تحول جذري في النماذج المؤسسية، يشمل تغييرات عميقة في هياكل الحكومة وعملياتها وعقلياتها وسياساتها. وهو متعدد الأبعاد، غالباً ما يتضمن الرؤية، والقيادة، والتمكين، والاستخدام الفعّال للتكنولوجيا لإعادة تعريف دور وأهداف المؤسسات العامة.

- **التحول الرقمي** *Digital Transformation (DT)* : يشير إلى عملية استراتيجية وشمولية تتضمن التكامل العميق للتقنيات الرقمية مثل الحوسبة السحابية، والبيانات الضخمة، والذكاء الاصطناعي، وإنترنت الأشياء في العمليات الأساسية للمؤسسة، وإجراءاتها، ونماذج أعمالها. ويهدف إلى تحسين الأداء المؤسسي، وخلق كفاءات جديدة، وتمكين الابتكار، متجاوزاً مجرد اعتماد التكنولوجيا إلى إعادة تشكيل طريقة عمل الكيانات وكيفية تقديمها للقيمة بشكل جوهري.

- **الكفاءة التقنية** *IT Competence (IC)* : تشير إلى قدرة المؤسسة على اقتناء وتوظيف ودمج وإعادة تشكيل موارد

تكنولوجيا المعلومات لدعم وتعزيز استراتيجيات الأعمال والعمليات الداخلية. وتشمل المعرفة النظرية والعملية، والمهارات التقنية، والقيم، وتتضمن أبعاداً مثل قدرات البنية التحتية لتكنولوجيا المعلومات، والقدرة على الربط بين الأعمال، والموقف الاستباقي في مجال تكنولوجيا المعلومات. وتُعد الكفاءة التقنية عاملاً أساسياً لنجاح التحول الرقمي، حيث تؤثر في سرعة اتخاذ القرار، وتبني الابتكار، والميزة التنافسية المستدامة.

- **مقاومة التغيير *Resistance to Change (RC)*** : تشير إلى التردد أو المعارضة أو الرفض من قبل الأفراد أو المجموعات لاعتماد أنظمة أو تقنيات أو عمليات جديدة داخل المؤسسة. وتنتج عن عوامل مثل الخوف من المجهول، أو نقص الفهم، أو التهديدات المتصورة للأمان الوظيفي أو الروتين اليومي، أو الإجهاد التقني، أو الشك في فوائد التغيير. وتُعد مقاومة التغيير عائقاً كبيراً أمام نجاح تنفيذ مبادرات التحول الرقمي، ويجب التعامل معها عبر التواصل الواضح، ومشاركة الموظفين، والتدريب الشامل.

- **القيادة التحولية *Transformational Leadership*** : هي نمط قيادي يحفّز ويُلهم الأتباع لتحقيق نتائج استثنائية من خلال تعزيز رؤية مشتركة، وتشجيع الابتكار، ودعم التطوير الفردي، والقيادة بالقدوة. وتمتاز هذه القيادة بالتأثير المثالي، والتحفيز الإلهامي، والتحفيز الفكري، والرعاية الفردية، مما يجعلها فعّالة بشكل خاص في دفع عجلة التغيير المؤسسي وقيادة التحول الرقمي.

الملحق ج: مراحل الدراسة

أُجريت الدراسة على ثلاث مراحل:

- **المرحلة الأولى:** تضمنت مراجعة منهجية للأدبيات (SLR) بهدف تحديد العوامل البيئية الداخلية ورؤى أصحاب المصلحة على مختلف المستويات المؤسسية.
- **المرحلة الثانية:** استخدمت مسحاً كمياً مقطعياً لدراسة العوامل المؤثرة على نجاح التحول الرقمي، مع التركيز على الكفاءة التقنية (IC) ومقاومة التغيير (RC) داخل مؤسسات القطاع العام في دولة الإمارات.
- **المرحلة الثالثة:** اعتمدت على مقابلات نوعية لاستكشاف آراء متعمقة لأصحاب المصلحة بشأن تبني التحول الرقمي، ضمن إطار معرفي بنائي (Constructivist Paradigm) .

الملحق د: أسئلة البحث

- **المرحلة الأولى – المراجعة المنهجية:** ما هي العوامل الداخلية التي تؤثر على نجاح مشاريع التحول في سياق مشاريع التغيير التحولي في مؤسسات القطاع العام؟
- **المرحلة الثانية – الدراسة الكمية:** هل تؤثر مبادرات التحول الرقمي إيجابياً على مشاريع التغيير التحولي في القطاع العام بدولة الإمارات؟
- **المرحلة الثالثة – الدراسة النوعية:** كيف تتداخل مبادرات التحول الرقمي، والكفاءة التقنية، ومقاومة التغيير في سياق مشاريع التغيير التحولي في مؤسسات القطاع العام على مستوى دولة الإمارات؟

الملحق هـ: النظريات الأساسية

يستند هذا الكتاب إلى أطر نظرية رئيسية تدعم دراسة التحول الرقمي في مؤسسات القطاع العام، وتشمل:

- **إطار التكنولوجيا، المنظمة، البيئة المعدّل** (Modified TOE) : يستند إلى النموذج الأصلي الذي وضعه Tornatzky et al. (1990) ، مع التأكيد على أن نجاح تبني التكنولوجيا يعتمد ليس فقط على العوامل التقنية، بل أيضاً على الأبعاد التنظيمية والبيئية. وفي القطاع العام، يتضمن هذا الإصدار المعدّل متغيرات رئيسية مثل القيادة، والثقافة المؤسسية، وتوافر الموارد، لما لها من دور جوهري في تمكين التحول الرقمي الفعّال.
- **نموذج تقبّل التكنولوجيا** (TAM): يشرح كيفية قبول المستخدمين للتكنولوجيا واستخدامها، مع التركيز على عاملَي المنفعة المتصورة وسهولة الاستخدام (Davis, 1989).
- **نظرية انتشار الابتكارات** (Diffusion of Innovations Theory) : تصف كيفية انتشار الأفكار والتقنيات الجديدة عبر الثقافات (Rogers, 2003).
- **نظرية القيادة التحولية** (Transformational Leadership Theory) : تؤكد دور القيادة ذات الرؤية في إلهام التغيير المؤسسي (Bass & Riggio, 2006).
- نظرية إدارة التغيير – نموذج الخطوات الثماني لكوتر (Kotter's 8-Step Model) : توفر نهجاً منظماً لقيادة التحول وتقليل المقاومة (Kotter, 1996).

الملحق و: ملخص منهجية البحث

- **المرحلة الأولى – المراجعة المنهجية للأدبيات (SLR)**
  اعتمدت المرحلة الأولى على إجراء مراجعة منهجية للأدبيات باستخدام بروتوكول PRISMA لاستكشاف العوامل الداخلية المؤثرة على نجاح التحول الرقمي في مؤسسات القطاع العام. وقد تم حصر ما مجموعه 32,532 مقالاً علمياً في البداية باستخدام مجموعات شاملة من الكلمات المفتاحية وفلاتر بحث متقدمة. وبعد تطبيق معايير الاستبعاد واستخدام أسلوب تتبع الاقتباسات، تم اختيار 73 مقالاً للتحليل النوعي (جدول 10).

شملت المراجعة الدراسات التجريبية والمفاهيمية لضمان قاعدة نظرية قوية، وهدفت إلى معالجة الفهم المجزأ للتحول الرقمي من خلال دمج الرؤى المتعلقة بالقيادة، والثقافة المؤسسية، وجاهزية الموارد، مما شكّل الأساس للإطار المفاهيمي للأطروحة.

جدول 10 نتيجة البحث عن المقالات للمراجعة المنهجية

construct	Result	AND Public sector	After excluding the criteria	After adding citations	Titles and ABS scanned	full review	Qualitative synthesis
DT AND PS	32,532	2,577	1,008	1,028	115	101	73

المرحلة الثانية – الدراسة الكمية

اعتمدت المرحلة الثانية على تصميم دراسة مقطعية باستخدام استبيان إلكتروني منظم، تم إعداده بالاستناد إلى كلٍّ من نموذج UTAUT ونتائج المراجعة المنهجية للأدبيات. وقد وُزِّع الاستبيان عبر منصات مثل تويتر وواتساب وفيسبوك، وكان ثنائي اللغة

(العربية/الإنجليزية)، وجمع ردوداً من مؤسسات حكومية وشبه حكومية في مختلف أنحاء دولة الإمارات (جدول 11).

شمل الاستبيان ثلاثة مجالات رئيسية: مبادرات التحول الرقمي (DT)، والكفاءة التقنية (IC)، ومقاومة التغيير (RC)، مع تسعة محاور فرعية. وتم تحليل البيانات عبر عملية من ثلاث خطوات: حساب مؤشر الأهمية النسبية (RII)، وربط النتائج بمكونات نموذج UTAUT، وإجراء كل من الانحدار الترتيبي وتحليل المكونات الرئيسية باستخدام برنامج R. وقد مكّنت هذه المرحلة من قياس العوامل الأساسية المؤثرة على تبني التقنيات الرقمية ونتائج التحول في القطاع العام.

جدول 11 الخصائص الديموغرافية للعينة الكمية

Baseline Characteristic	N	%
Age		
Up to 30	23	10.70%
31 to 50	132	61.40%
51 to 60	50	23.26%
>60	10	4.65%
Gender		
Male	153	71.16%
Female	62	28.84%
Educational level		
Pre-graduate	9	4.19%
Graduate	111	51.63%
Postgraduate	95	44.19%
Job level		
Employee	98	45.58%
Manager	117	54.42%
Number of employees		
Up to 500	119	55.35%
>500	96	44.65%
Type of organization		

Governmental	180	83.72%
Semi-governmental	35	16.28%
Years of experience		
<5	11	5.12%
5 to 10	25	11.63%
11 to 15	33	15.35%
16 to 20	48	22.33%
21 to 25	43	20.00%
>25	55	25.58%

المرحلة الثالثة – الدراسة النوعية

اعتمدت المرحلة الأخيرة على منهج نوعي ذي طابع ظاهراتي (Phenomenological) بهدف الحصول على فهم أعمق لتجارب أصحاب المصلحة الفعلية مع التحول الرقمي. تم إجراء مقابلات شبه مهيكلة مع 10 موظفين ومديرين من مؤسسات القطاع العام، جرى اختيارهم بشكل هادف من إمارات وأدوار مختلفة. وحرصت الدراسة على ضمان التنوع في الجنس والخبرة والمستوى المؤسسي.

جرى تفريغ المقابلات نصياً، وترميزها، وتحليلها موضوعياً باستخدام برنامج NVivo، مع مواءمة المحاور مع مكونات نموذج UTAUT. وتم الالتزام الصارم بالاعتبارات الأخلاقية، بما في ذلك الحصول على موافقة مستنيرة وضمان سرية هوية المشاركين. وقد أغنت هذه المرحلة الدراسة من خلال الكشف عن العلاقات الدقيقة بين التحول الرقمي، والكفاءة التقنية، ومقاومة التغيير، مقدمةً رؤى خاصة بالسياق الإماراتي حول السلوك المؤسسي، والقدرات، والجاهزية الثقافية في القطاع العام.

الملحق ز: نتائج البحث

- **المرحلة الأولى – المراجعة المنهجية للأدبيات (SLR)**
  كشفت الدراسة عن ثلاثة محاور أساسية تؤثر على التحول الرقمي في القطاع العام، وهي: القيادة، والثقافة، والموارد، مع تحديد 81 عاملاً داخلياً عبر الدراسات التي تمت مراجعتها.

أظهرت النتائج المتعلقة بالقيادة دور الهيئات الحكومية، والإصلاحات التنظيمية، والتعاون. وشملت العوامل الثقافية الهياكل المؤسسية، والأنظمة الموروثة، وبشكل ملحوظ مقاومة التغيير. أما العوامل المرتبطة بالموارد فقد أبرزت أهمية رأس المال البشري، والكفاءة التقنية، والتقنيات المتقدمة مثل الذكاء الاصطناعي، وإنترنت الأشياء، وتقنية البلوك تشين، بوصفها مُمكّنات أساسية لنجاح مبادرات التحول الرقمي.

كما كشفت المراجعة الأدبية عن فجوات حرجة في فهم التحول الرقمي في القطاع العام، منها: محدودية الأطر الخاصة بنقل التكنولوجيا، وضعف دمج تقنيات سير العمل، وقلة التركيز على إدارة التغيير، والرشاقة المؤسسية، واستخدام تحليلات البيانات والذكاء الاصطناعي. كما توجد فجوات في جاهزية الأمن السيبراني، والشراكات التعاونية، وآليات التقييم، والقدرة على التكيف مع التغير السريع. ويُسهم سد هذه الفجوات مباشرةً في تحقيق أهداف الدراسة من خلال توضيح دور التحول الرقمي في التغيير التحولي (الهدف 1) ودراسة علاقته بمقاومة التغيير والكفاءة التقنية (الهدف 2).

المرحلة الثانية – الدراسة الكمية

أظهرت النتائج أن التحول الرقمي يعزز النتائج التشغيلية، والمهارات التقنية، وصنع القرار اللامركزي، مما يؤثر إيجابياً على

اتجاهات الموظفين في سياق القطاع العام في دولة الإمارات. كما توسّع الدراسة نطاق ملاءمة نموذج UTAUT ليشمل سياق القطاع العام، وتقدم رؤى جديدة حول كيفية ارتباط ظروف التمكين بمقاومة التغيير. وأكدت النتائج أيضاً أن سهولة الاستخدام ومواءمة التقنيات مع الأهداف المؤسسية هما محركان أساسيان لتبني التكنولوجيا.

المرحلة الثالثة – الدراسة النوعية

أظهرت النتائج أن مبادرات التحول الرقمي في القطاع العام الإماراتي تعزز بشكل ملحوظ التغيير التحولي من خلال تحديث العمليات، وتمكين المنصات السحابية، وتعزيز تبني الذكاء الاصطناعي. كما يقوي التحول الرقمي الكفاءة التقنية عبر تحفيز إدارات تكنولوجيا المعلومات على تطوير المهارات، والبنية التحتية، والقدرات الابتكارية استجابةً للاحتياجات المؤسسية المتغيرة. وفي الوقت نفسه، يسهم التحول الرقمي في تقليل مقاومة التغيير من خلال تحسين الاتصال، والتدريب، وتفاعل القيادة، مما يساعد على معالجة المخاوف الشائعة وزيادة ثقة الموظفين.

وتوضح الدراسة كذلك أن صناع القرار يمكنهم الاستفادة من التفاعل بين التحول الرقمي، والكفاءة التقنية، ومقاومة التغيير لتعزيز الأداء المؤسسي وتنفيذ مشاريع التغيير التحولي بنجاح، مع مراعاة التحديات الاجتماعية والثقافية.

الملحق ح: انعكاسات الأطروحة

تقدم هذه الدراسة رؤى مهمة على الصعيدين النظري والعملي لدعم نجاح التحول الرقمي في القطاع العام.

1. الانعكاسات النظرية

- تؤكد على أهمية إدارة التغيير، بما يشمل دعم القيادة، والتواصل، وتدريب الموظفين للتغلب على المقاومة وتعزيز تبني التحول الرقمي.
- تبرز دور الكفاءة التقنية (IC) وتطوير المهارات المستمر في تمكين نجاح التحول الرقمي.
- تشدد على الحاجة إلى هياكل تنظيمية رشيقة تشجع على التعاون بين الإدارات وقابلية التكيف.
- تسلط الضوء على قيمة الذكاء الاصطناعي وتحليلات البيانات في تحسين صنع القرار بما يتماشى مع أهداف الحوكمة الرقمية في دولة الإمارات.
- تدعو إلى تدابير قوية للأمن السيبراني لحماية الأنظمة الرقمية والحفاظ على ثقة الجمهور.
- تشير إلى الأثر الاجتماعي للتحول الرقمي من خلال تحسين تقديم الخدمات وتعزيز تفاعل المواطنين.
- تقدم إسهامات تعليمية عبر توفير دراسات حالة وأطر عمل مفيدة في تدريس الإدارة العامة وإعداد قادة المستقبل.

2. الانعكاسات العملية

- تحث صناع السياسات على دمج التصميم المتمحور حول المستخدم، وسهولة الاستخدام، والتدريب في العقود الرقمية.
- توصي بتعزيز إدارة المشاريع وقنوات الاتصال لدعم مبادرات التحول.
- توظيف التحول الرقمي لتحسين البنية التحتية، وتقليل مقاومة التغيير، وتسريع جهود التحول.
- تحدد الفوائد الاقتصادية من خلال تقليل البيروقراطية وتقديم الخدمات بكفاءة أكبر.
- تدعم تطوير السياسات المرتبطة بالأهداف الاستراتيجية الوطنية مثل المدن الذكية وتحسين الخدمات العامة.
- تدعو إلى الاستثمار في البنية التحتية والتدريب لتعزيز الكفاءة التقنية وتقليل مقاومة التغيير، مما يحسن أداء القطاع العام.

المراجع

AlZarooni, A. (2025). Investigating the Relationship Between Digital Transformation, IT Competence, and Resistance to Change in the Context of Transformational Change in the UAE Public Sector [Doctoral thesis].

UAE Government. (n.d.). The official portal of the UAE government. *https://u.ae/en/#/*

Mohammed Bin Rashid Centre for Government Innovation. (n.d.). Official website. *https://mbrcgi.gov.ae/*

Estonian e-Governance Academy. (n.d.). Official website. *https://ega.ee/*

Smart Nation Singapore. (n.d.). Official website. Retrieved July 2025, from *https://www.smartnation.gov.sg/*

UAE Government. (n.d.). UAE National Digital Government Strategy. Retrieved July 2025, from https://u.ae/en/about-the-uae/strategies-initiatives-and-awards/strategies-plans-and-visions/government-services-and-digital-transformation/uae-national-digital-government-strategy

UAE Government. (n.d.). UAE Strategy for Artificial Intelligence. Retrieved July 2025, from https://u.ae/en/about-the-uae/strategies-initiatives-and-awards/strategies-plans-and-visions/government-services-and-digital-transformation/uae-strategy-for-artificial-intelligence

Digital Dubai Authority. (n.d.). Dubai Blockchain Strategy. Retrieved July 2025, from *https://www.digitaldubai.ae/initiatives/blockchain*

Sharjah Digital Authority. (n.d.). Official homepage. Retrieved July 2025, from *https://ds.sharjah.ae/home*

HUB71. (n.d.). Official website. Retrieved July 2025, from *https://www.hub71.com/*

Government Digital Service. (n.d.). About us. Government Digital Service. UK Government. Retrieved July 2025, from *https://www.gov.uk/government/organisations/government-digital-service*

Rogers, D. L. (2016). The digital transformation playbook: Rethink your business for the digital age. Columbia University Press.

Kane, G. (2019). The technology fallacy: people are the real key to digital transformation. Research-Technology Management, 62(6), 44–49.

Bass, B. M., & Riggio, R. E. (2006). Transformational leadership (2nd ed.). Psychology Press.

Davis, F. D. (1989). Perceived usefulness, perceived ease of use, and user acceptance of information technology. MIS Quarterly, 13(3), 319–340.

Kotter, J. P. (1996). Leading change. Harvard Business School Press.

Rogers, E. M. (2003). Diffusion of innovations (5th ed.). Free Press.

Nam, D., Lee, J., & Lee, H. (2019). Business IT alignment and IT competency. Information Systems Frontiers, 21(2), 343–361.

World Economic Forum. (2021). Digital Transformation: Powering the Great Reset.

Westerman, G., Bonnet, D., & McAfee, A. (2014). Leading Digital: Turning Technology into Business Transformation. Harvard Business Review Press.

Gherghin, C.-A. (2025). Public Policies for the Digitalization of Public Services in the European Union: From Foundations to Contemporary Challenges. *Technium Social Sciences Journal, 67*, 528–539. https://doi.org/10.47577/tssj.v67i1.12453

Woods, O., Bunnell, T., & Kong, L. (2023). Insourcing the smart city: assembling an ideo-technical ecosystem of talent, skills, and civic-mindedness in Singapore. *Urban Geography*. https://doi.org/10.1080/02723638.2023.2233353

Jamieson, D., Wilson, R., & Martin, M. (2020). Is the GaaP wider than we think?: Applying a sociotechnical lens to Government-as-a-Platform. *International Conference on Theory and Practice of Electronic Governance*, 514–517. https://doi.org/10.1145/3428502.3428580

DeViney, N., Sturtevant, K., Zadeh, F., Peluso, L., & Tambor, P. (2012). Becoming a globally integrated enterprise: lessons on enabling organizational and cultural change. *Journal of Reproduction and Development, 56*(6), 561–568. https://doi.org/10.1147/JRD.2012.2206149

Birkinshaw, J. (2018). *What to expect from agile*. https://lbsresearch.london.edu/id/eprint/1082/

Kimmo, M., Pappel, I., & Draheim, D. (2018, April). E-residency as a nation branding case. In *Proceedings of the 11th International Conference on Theory and Practice of Electronic Governance* (pp. 419–428).

Sipahi, E. B., & Saayi, Z. (2024). The world's first "Smart Nation" vision: the case of Singapore. *Teaching Anthropology*. https://doi.org/10.25019/dvm98x09

Irfan, B., & Djabbari, M. H. (2024). *Digital Leadership: Its Influence on Driving Digital Policy Adoption in the Public Sector*. *1*(2), 111–118. https://doi.org/10.69616/perkasa.v1i2.37

Roy, J. (2006). *E-Government in Canada: Transformation for the Digital Age*. https://doi.org/10.3233/ip-2007-0132

Blomkamp, E. (2018). The promise of co-design for public policy 1. In *Routledge handbook of policy design* (pp. 59-73). Routledge.

Moon, M. J. (2024). *Advancing Korea's digital government*. 62–78. https://doi.org/10.4324/9781003458081-6

Smolander, A. R., & Yusof, S. R. (2023). *Innovative ICT Education in Early Childhood: Building Young Talents for The Digital World*. https://doi.org/10.37698/jels.v2i1.194

Nielsen, M. M. (2017, June). eGovernance and online service delivery in Estonia. In *Proceedings of the 18th Annual International Conference on Digital Government Research* (pp. 300–309).

Davey, R., Fearon, C., & McLaughlin, H. (2013). Organizational grief: an emotional perspective on understanding employee reactions to job redundancy. *Development and Learning in Organizations*, *27*(2), 5–8. https://doi.org/10.1108/14777281311302012

Al Batayneh, R. M., Taleb, N., Said, R. A., Alshurideh, M., Ghazal, T. M., Ghazal, T. M., & Alzoubi, H. M. (2021). IT Governance Framework and Smart Services Integration for Future Development of Dubai Infrastructure Utilizing AI and Big Data, Its Reflection on the Citizens Standard of Living (pp. 235–247). Springer, Cham. https://doi.org/10.1007/978-3-030-76346-6_22

Adie, B. U., Tate, M., Valentine, E., & Cho, W. (2024). *Digital Leadership Competencies for Digital Government: Insights and Implications from New Zealand Government Agencies*. https://doi.org/10.1145/3657054.3657111

Chawla, R. N., Saxena, D., & Goyal, P. (2022). *The Critical Role of the Chief Information Officer in Smart Management of Digital Transformation* (pp. 165–189). https://doi.org/10.4018/978-1-7998-9008-9.ch008

Bilgiseven, E. B. (2024). Transformational and Digital Leadership for Digital Transformation in the Digital Age. *Advances in Human Resources Management and Organizational Development Book Series*, 56–80. https://doi.org/10.4018/979-8-3693-3466-9.ch004

Executive summary. (2022). OECD eBooks. https://doi.org/10.1787/9166ed9a-en

Remy, S., & Barde, A. (2024). *The Art of Digitalization: A Dive into e-Estonia*. https://doi.org/10.61145/iini4552

Aundhe, M., & Narasimhan, R. (2012). *Project Nemmadi: the bytes and bites of ICT adoption and implementation in India*. *2*(1), 29–45. https://doi.org/10.1057/JITTC.2012.4

Kolesnikova, K. (2024). *Digitization of public services in Ukraine: Successes and challenges in the implementation of state reforms*. https://doi.org/10.70651/3041-248x/2024.1.03

Belcher, M., Lopes, C. A., Sjoberg, F. M., & Mellon, J. (2016). MajiVoice Kenya—Better complaint management at public utilities. Civic Tech in the Global South, 25–46.

Jopang, J., Aryatama, S., Muazzinah, M., Qamal, Q., & Ansar, A. (2024). Exploring the Relationship Between E-Government, Transparency, and Citizen Trust in Government Services.

Global International Journal of Innovative Research, *2*(6), 1354–1363. https://doi.org/10.59613/global.v2i6.206

Hana, M. (2017). Innovation in the UAE: From First Foundations to 'Beyond Oil.' *Global Policy*, *8*(3), 414–417. https://doi.org/10.1111/1758-5899.12481

Gunawan, B., Ratmono, B. M., Kurniasih, D., & Setyoko, P. I. (2023). *Human Resources and Technology Integration in Effective Public Management*. https://doi.org/10.30589/pgr.v7i3.782

Higher Colleges of Technology, The Strategy & Future Department. (2021). *HCT success story: Strategy & future: The future foresight*. Higher Colleges of Technology.

Al-Nahar Newspaper. (2025, February 6). *Digital transformation in Sharjah*. Technology Section.

www.ingramcontent.com/pod-product-compliance
Lightning Source LLC
LaVergne TN
LVHW060125051026
849517LV00007B/2406
* 9 7 8 9 9 4 8 6 9 1 8 4 6 *